MARCEL PRAWY

GLÜCK, DAS MIR VERBLIEB

Christoph Wagner-Trenkwitz
und Thomas Trabitsch (Hrsg.)

Marcel Prawy

Glück, das mir verblieb

Verlag Christian Brandstätter
Österreichisches Theatermuseum

Inhalt

Notiz der Herausgeber

Die Geleitworte von Wilfried Seipel und Peter Dusek sowie die Artikel von Marcel Prawy, Karl Löbl und Christoph Wagner-Trenkwitz sind Originalbeiträge für dieses Buch. Der Artikel von Georg Markus wurde, vom Autor modifiziert, dem Band „Die Erben der Tante Jolesch" (Amalthea-Verlag, Wien 2001) entnommen. Das Interview mit Peter Marboe führte Christoph Wagner-Trenkwitz im Dezember 2001. In die Tagebücher von Ernst Marboe, die in einigen wenigen Auszügen wiedergegeben sind, gewährte die Familie Marboe freundlicherweise Einblick. Erstmals in deutscher Sprache, leicht gekürzt, erscheint der Artikel von Julius Rudel, er entstammt der Zeitschrift „Theatre Arts" (Juni 1956). Clemens Hellsbergs Artikel erschien erstmals in den Programmheften der Wiener Philharmoniker (Jänner 2002) und wurde mit freundlicher Genehmigung des Autors nachgedruckt. Der Brief von Wolfgang Wagner wurde den „Freunden der Wiener Staatsoper" anläßlich des 90. Geburtstages von Marcel Prawy im Dezember 2001 zur Verfügung gestellt.
Die Gespräche mit Egon Seefehlner, Paul Hausner, Marta Eggerth, Georg Kreisler, Olive Moorefield, Gertrud Marboe, Walter Hoesslin, Otto Schenk und Albert Moser führten Christoph Wagner-Trenkwitz und Peter Dusek in den Jahren 1990 und 1991. Sie wurden auszugsweise bereits in der 1996 (bei Kremayr & Scheriau) erstmals erschienenen Autobiographie „Marcel Prawy erzählt aus seinem Leben" veröffentlicht. Wir danken dem Verlag für die freundliche Kooperation.

Die Rechteinhaber der Abbildungen sind, soweit eruierbar, im Impressum am Ende dieses Bandes angeführt.
Besonderer Dank gebührt unserer Lektorin Sabine Kehl-Baierle, und Wolfram und Hannes Gsell für die Gestaltung mehrerer Foto-Collagen.

Christoph Wagner-Trenkwitz und Thomas Trabitsch,
Wien, im Februar 2002

Zum Geleit

Viel ist über das Phänomen Marcel Prawy geschrieben und noch viel mehr gesagt worden. Eine größere Ausstellung jedoch, die sich intensiv mit der Person und dem Wirken von Professor Prawy auseinandergesetzt hat, gab es meines Wissens – sieht man von der kleinen Ausstellung im Pausenfoyer der Wiener Staatsoper im vergangenen Dezember ab – bisher noch nicht.
Das Österreichische Theatermuseum im Palais Lobkowitz, seit über einem Jahr in der Obhut des Kunsthistorischen Museums und in unmittelbarer Nachbarschaft zur Wiener Staatsoper gelegen, schien uns der geeignetste Ort, dem „Opernführer der Nation" zu seinem 90. Geburtstag eine Sonderausstellung zu widmen und dessen Leben und Werk Revue passieren zu lassen.

Künstler und Kritiker, Wegbegleiter und Kollegen berichten in der hier vorliegenden Festschrift von der faszinierenden Persönlichkeit und dem phantastischen Leben des Marcel Prawy an der Seite der großen Musiker und Interpreten seiner Zeit.
Den Titel jener Arie aus Korngolds Oper „Die tote Stadt", die Prawys Leben begleitet hat, haben wir als Motto für diese Ausstellung gewählt: „Glück, das mir verblieb …"
Ich freue mich außerordentlich, daß Professor Marcel Prawy persönlich in die Konzeption dieser „seiner" Ausstellung eingewirkt hat, aus seiner legendären Sammlung zahlreiche wertvolle Exponate bereitgestellt hat und selbst für begleitende Veranstaltungen zur Verfügung stehen wird.
Ich danke den beiden Ausstellungskuratoren, Mag. Christoph Wagner-Trenkwitz und Dr. Thomas Trabitsch, für ihr großes Engagement, dem Ausstellungsgestalter Mag. Christian Sturminger für seine gelungene Arbeit und dem Verleger Dr. Christian Brandstätter für die Betreuung des schönen Bandes sowie allen Autoren, die dafür wichtige Beiträge geliefert haben.

Wir widmen diese Ausstellung und diese Festschrift Professor Marcel Prawy in aufrichtiger Freude und Dankbarkeit für sein unschätzbares Wirken.

Wilfried Seipel,
Generaldirektor des Kunsthistorischen Museums

Ein Salut dem „König des Publikums“

Dieses Energiebündel namens Marcel Prawy ist schon ein erstaunliches Phänomen: Der „Opernführer der Nation“ ist zugleich Vorkämpfer für Operette und Musical, bewundert aber auch Tina Turner und ist mit Udo Jürgens befreundet; der ORF-Entertainer, der seit Jahrzehnten Qualität mit Quote kombiniert, ist ebenso der Erfinder der Opernprogramme mit tiefschürfender Werkanalyse; der Moderator in mehreren Weltsprachen; der Mitarbeiter und Freund von Jan Kiepura, der Fan von Robert Stolz, Erich Wolfgang Korngold oder Maria Jeritza ist ident mit jenem schrulligen Plastik-Sackerl-Archivar, der seine Villa als Materiallager verwendet und im „Sacher“ wohnt; der unverbesserliche Single mit ausgeprägtem Hang zu kurzen Affären kann auf eine nun schon jahrzehntelange Partnerschaft mit Senta Wengraf verweisen – das alles sind Seiten einer im Grunde unglaublichen Biographie, die sich stets vorwiegend in Wien und zugleich doch auch in den USA, in der Rheinhalle von Mainz oder in den Opernhäusern von Mailand, Paris oder Warschau abgespielt hat. Und doch darf man einen anderen – einzigartigen – Aspekt nicht vergessen, wenn man sich dem TV-Star oder Richard-Strauss-Spezialisten in dieser Ausstellung des Theatermuseums nähert: Marcel Prawy ist zweifellos der ungekrönte König des Publikums.

Seine „Wohnung” war früher das berühmte „Kipferl” im Stehparterre und ist seit Jahrzehnten der äußerste Platz der rechten Proszeniumsloge. Dort blättert er in den Partituren seiner Lieblingswerke, von dort beobachtet er die Wiener Philharmoniker, diese „Demokratie der Könige”. Dieser Prawy-Ehrenplatz befindet sich genau vis-à-vis von jenem Sitz, der für den Bundespräsidenten reserviert ist, wenn dieser nicht in offizieller Funktion als Gastgeber eines Staatsbesuches agiert (diese Regelung galt schon für den Kaiser). In der Tat nimmt das Publikum sehr genau wahr: Heute ist Marcel Prawy in der Vorstellung!
Dabei verhindert der Tatendrang und der geradezu unglaubliche Arbeitseinsatz des jetzt bereits 90jährigen Professors heute öfter als früher den Besuch des „Opernführers der Nation“ – als Regel gilt jedoch: keine hochkarätige Vorstellung, die nicht durch Prawys Anwesenheit geadelt wird.

„Marcello“ hat aus der wahren Antriebskraft seines Tuns nie ein Hehl gemacht: Er sagt von sich, daß er nichts anderes tue, als seine „Liebe und Leidenschaft zum Musiktheater“ weiterzugeben. Wenn es stimmt, daß der internationale Rang der Wiener Staatsoper nicht zuletzt durch ein besonders begeisterungsfähiges (und kritisches) Publikum geprägt ist, dann hat Prawy vielleicht eine weitere besondere Funktion: oberster Repräsentant des Publikums zu sein.

Wer Marcel Prawy nach der großen ORF-Gala am 21. Dezember 2001 anläßlich seines 90. Geburtstages im ORF-Zentrum in Wien erlebt hat, konnte es beobachten: Da umwarben ihn Künstler wie Christa Ludwig, Bernd Weikl, Thomas Hampson oder Uwe Kröger; da belagerten ihn Politiker wie Peter Marboe oder Alfred Gusenbauer; da war die gesamte „High Society“ Wiens zur Stelle – aber für „Marcello“ waren sie alle gleich. Sein Maßstab ist die Liebe zur Musik; er mißt die Menschen danach, wie sehr sie von der Flamme der Begeisterung zum Musiktheater angesteckt werden können. Bluffer und Adabeis verachtet er. Die Mitwirkung der Wiener Philharmoniker mit einem „Prawy-Arrangement“ für den wohl aktivsten 90er aller Zeiten war für ihn – wie für uns alle – der Höhepunkt dieser Veranstaltung. Der Ehrenring der Wiener Philharmoniker, der Esel von Renate Holm (die mit Prawy die Liebe zu diesem Tier teilt), das Duett aus der „Toten Stadt“ von Korngold, so hinreißend vorgetragen von Nancy Gustafson und Torsten Kerl – das alles waren nur die Insignien für „Marcello den Großen“.

Und nun noch, wie eine „Zugabe“, diese Ausstellung im Theatermuseum: Wo sonst an Komponisten, Autoren und große Bühnenlieblinge erinnert wird, porträtiert man nun ein einzigartiges, im Grunde unbeschreibbares Multi-Phänomen. Möge sie auch als Salut an den „König des Publikums“ verstanden werden.

Peter Dusek,
Präsident der Freunde der Wiener Staatsoper

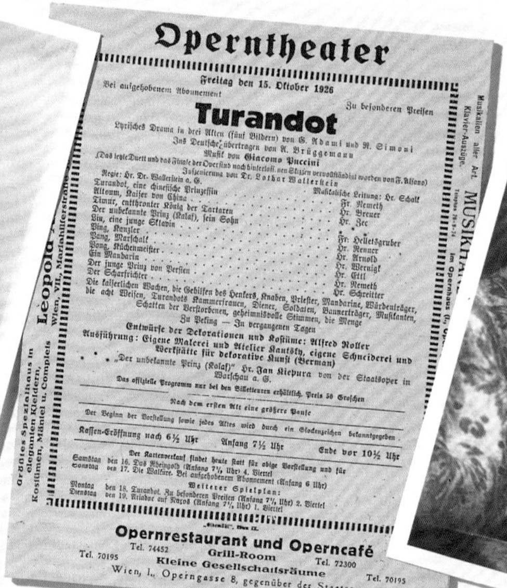

Operntheater

Freitag den 15. Oktober 1926

Bei aufgehobenem Abonnement

Zu besonderen Preisen

Turandot

Lyrisches Drama in drei Akten (fünf Bildern) von G. Adami und R. Simoni
Ins Deutsche übertragen von A. Brüggemann
Musik von **Giacomo Puccini**
(Das letzte Duett und das Finale der Oper sind nach hinterlass. nen Skizzen vervollständigt worden von F. Alfano)
Inszenierung von Dr. Lothar Wallerstein

Regie: Hr. Dr. Wallerstein a. G.

Musikalische Leitung: Hr. Schalk

Turandot, eine chinesische Prinzessin	Fr. Nemeth
Altoum, Kaiser von China	Hr. Breuer
Timur, entthronter König der Tartaren	Hr. Zec
Der unbekannte Prinz (Kalaf), sein Sohn	*
Liu, eine junge Sklavin	Fr. Helletsgruber
Ping, Kanzler	Hr. Renner
Pang, Marschall	Hr. Arnold
Pong, Küchenmeister	Hr. Wernigk
Ein Mandarin	Hr. Ettl
Der junge Prinz von Persien	Hr. Nemeth
Der Scharfrichter	Hr. Schreitter

Die kaiserlichen Wachen, die Gehilfen des Henkers, Knaben, Priester, Mandarine, Würdenträger, die acht Weisen, Turandots Kammerfrauen, Diener, Soldaten, Bannerträger, Musikanten, Schatten der Verstorbenen, geheimnisvolle Stimmen, die Menge

Zu Peking — In vergangenen Tagen

Entwürfe der Dekorationen und Kostüme: Alfred Roller

Ausführung: Eigene Malerei und Atelier Kautsky, eigene Schneiderei und Werkstätte für dekorative Kunst (Berman)

* „Der unbekannte Prinz (Kalaf)" Hr. Jan Kiepura von der Staatsoper in Warschau a. G.

Das offizielle Programm nur bei den Billetteuren erhältlich. Preis 50 Groschen

Nach dem ersten Akt eine größere Pause

Der Beginn der Vorstellung sowie jedes Aktes wird durch ein Glockenzeichen bekanntgegeben

Kassen-Eröffnung nach 6½ Uhr — Anfang 7½ Uhr — Ende vor 10½ Uhr

Der Kartenverkauf findet heute statt für obige Vorstellung und für

Samstag den 16. Das Rheingold (Anfang 7½ Uhr) 4. Viertel
Sonntag den 17. Die Walküre. Bei aufgehobenem Abonnement (Anfang 6 Uhr)

Weiterer Spielplan:

Montag den 18. Turandot. Zu besonderen Preisen (Anfang 7½ Uhr) 2. Viertel
Dienstag den 19. Ariadne auf Naxos (Anfang 7½ Uhr) 1. Viertel

Opernrestaurant und Operncafé
Tel. 74452 — Grill-Room — Tel. 72300
Tel. 70195 — Kleine Gesellschaftsräume — Tel. 70195
Wien, I., Operngasse 8, gegenüber der Staatsoper

Größtes Spezialhaus in eleganten Kleidern, Kostümen, Mänteln u. Complets
Leopold
Wien, VII., Mariahilferstraße

Musikalien aller Art. Klavier-Auszüge.
im Opernhaus

Maria Nemeth und Jan Kiepura als Turandot und Kalaf, Wien 1926

Marcel Prawy

Woran ich glaube

Ich glaube, daß die Berührung mit der Ewigkeit den Menschen zum wahren Menschen in des Wortes höchster Bedeutung macht. Diese Berührung kann auf verschiedene Weise geschehen. Zunächst durch Religion, in Gestalt der etablierten Glaubensbekenntnisse oder aus individueller Phantasie entstandener Glaubensformen. Aber auch anders. Etwa durch das Studium von Goethe. Oder durch eine intime geistige Beziehung zur bildenden Kunst – von den Tempeln der alten Ägypter über Michelangelo und die französischen Impressionisten zu Picasso. Für mich kam diese Berühung mit der Ewigkeit in Gestalt eines Blitzstrahls, der in mir die Besessenheit zur Oper geweckt hat. Mit meinem oft „zerlächelten“ weiten künstlerischen Geschmack schließt hier das Zauberwort Oper auch die Spitzenwerke von Operette und Musical ein. Mit zunehmendem Alter wurde es mir immer klarer, daß meine tiefe seelische Verbundenheit mit dieser Welt einen pseudoreligiösen Charakter hat. Oft kommt es mir vor, als ob ich zu Wagner, Beethoven, Verdi, Puccini, Richard Strauss, ja sogar zu Korngold bete. Diese Berührungen mit der Ewigkeit erlebte ich sehr bewußt. Als man 1926 in der Wiener Oper erstmals in Puccinis „Turandot“ die herrliche Arie „Nessun dorma“ (damals auf Deutsch: „Keiner schlafe“) sang, wußte ich: So, und das bleibt für ewig. Das gleiche dachte ich, als Richard Tauber 1930 zum ersten Mal in Wien am Theater an der Wien in Lehárs „Land des Lächelns“ sang: „Dein ist mein ganzes Herz“ – damals, und für ewig. Das stählte mich für das Ertragen der künstlerischen Eintagsfliegenwelt von heute.

Ich glaube, daß es die Mission der großen Musik aller Sparten ist, uns der Misere des Alltags zu entheben, und daß es grundfalsch ist, wenn man diese Mission durch Aufpfropfen eines nicht vorhandenen Zeitbezugs zerstört. In meiner Jugendzeit entstand meine Liebe zur Oper – symbolisiert durch die herrliche Wiener Staatsoper – und die Liebe zur symphonischen Musik – symbolisiert durch die vergötterten Wiener Philharmoniker –, als Flucht vor dem entsetzlichen Alltag. Wenn man am heutigen politischen Leben Kritik übt, dann möge man nie vergessen, daß es heute paradiesisch ist im Vergleich zur Zwischenkriegszeit, als täglich Blut geflossen ist – was geschah damals nicht alles: der Justizpalastbrand, der Pfrimerputsch, der Dollfußmord, die Februarunruhen etc., etc. Da flohen wir dorthin, wo Richard Strauss dirigierte. Auf der Universität wurden wir blutig geprügelt, und die Polizei schritt nicht ein, um die „Freiheit des akademischen Bodens" zu wahren. Wir flohen dorthin, wo Maria Jeritza und Jan Kiepura sangen. Nur daraus kann man die Berührung mit der Ewigkeit begreifen: Kriege, Nationalsozialismus, Verschwinden von Österreich, Wiedererstehen von Österreich – aber immer spielte man die Neunte Symphonie, „Tristan", „Aida" und den „Rosenkavalier".

Ich glaube, daß Richard Wagner die größte Erscheinung war, die das Musiktheater jemals hervorgebracht hat. Seine musikalischen Neuerungen entsprangen seiner Phantasie ohne ernst zu nehmende Vorläufer. Als Dichter zählt er zu den großen deutschen Lyrikern, wie Heine, wie Lenau. Und so ganz nebenbei schuf er in Bayreuth auch noch sein Theater, über dessen phänomenale Akustik das Witzwort kursiert, daß dort sogar eine Soubrette die Isolde singen kann. Ich freue mich, daß Wagner-Opern am Beginn meiner Opernbegeisterungs-Kindheit standen und nicht die heute so beliebten Kinderopern mit Häschen, Füchslein, Kätzchen und zahnlosem Großmütterlein. Diese Kinderopern sind bei alt und jung beliebt, man soll sie auch spielen, als Weg einer Jugend zu einem künftigen Publikum für „Parsifal“ sind sie grundfalsch. Ich bin mir der oft diskutierten Schwächen im Charakter Wagners wohl bewußt, obwohl sie weniger arg sind, als sie das übliche Wagner-Klischee darstellt. Hier stehe ich an den (vielleicht falschen) Grenzen meiner demokratischen Weltanschauung. Ich weiß nicht, ob es richtig ist, daß an der Wahlurne die Stimme von Albert Einstein ebenso viel zählt wie die meines reizenden, ungeheuer tüchtigen, mir unentbehrlichen Stubenmädchens. Und ich verzeihe eine Charakterschwäche jemandem, der die „Meistersinger“ geschrieben hat, eher, als jemandem, der sie nicht geschrieben hat. Dem so heftig diskutierten Antisemitismus Wagners steht die fanatische Liebe der Menschen jüdischen Glaubens für Wagner ebenso gegenüber wie die Tatsache, daß ein jüdischer Musiker sich nach dem Tod Wagners erschossen hat, weil er einfach in einer Welt ohne Wagner nicht leben wollte.

Ich glaube an die Wichtigkeit und Schönheit des Lernens. In der Oper betrachte ich meine fast täglichen Stehplatzbesuche seit 1926 als meine Grundschulung, aber ich hatte später das Glück, in Professor Egon Wellesz, dem hervorragenden Komponisten aus der Schönbergschule, an der Universität einen blendenden Lehrer zu finden. Obwohl ich Rechtswissenschaften als Hauptfach studierte und darin mein Doktorat machte, verbrachte ich die meiste Zeit meiner Studienjahre mit der Musik. Man kann nie auslernen. Wenn ich heute eine Oper auf meinem mir lebenslänglich zugewiesenen Sitz in der Direktionsloge erlebe und glaube, sie auswendig zu können, so bin ich, wenn ich von der Loge auf das geliebte Orchester hinunterblicke, noch immer ein Lernender, wenn es darum geht, wann eigentlich die Flöte einsetzt, wann die Oboe. Meine Begeisterung für das Lernen schließt das Bewußtsein um meine – durch die Musikliebe begründete – Einseitigkeit mit ein. Auf meinem Nachttisch liegen Ausgaben von „Das Beste" und „Reader's Digest", in denen ich vor dem Schlafengehen blättere, um mich mit anderen Themen zu beschäftigen. Einmal hatte ich einen wirren Plan „für meine alten Tage", den ich nie verwirklichen kann – leider: Nach einem reich erfüllten Leben noch einmal die Matura zu machen, oder zumindest eine strenge Maturaschule – nach dem Wissensstand von heute wieder Chemie, Physik, Mathematik (mein Lieblingsgegenstand in der Mittelschule!), Geographie etc. neu zu lernen. Statt dessen gehe ich noch immer in die Oper!

Ich glaube an die Schönheit des Lehrens. Ich bin glücklich, daß ich auf diesem Gebiet viel erreichen durfte: das Ehrendoktorat der Wiener Universität, die ordentliche Professur an der Wiener Musik-Hochschule, auch bin ich „Visiting Professor" der berühmten Yale University in New Haven, USA. Aber darüber hinaus ist der größte Teil meiner heutigen Wirksamkeit der Lehre gewidmet – ich lehre den mir wichtigsten und am seltensten unterrichteten Gegenstand der Welt: Liebe. Ich möchte durch meine Art des Lehrens die Liebe zur Musik, die mein Leben so unsagbar verschönt und bereichert hat, anderen Menschen vermitteln. Wissen um des Wissens willen interessiert mich nicht. Wann Mozart, an welchem Tage und zu welcher Uhrzeit, an welchem Orte die Postkutsche nach welchem Ort bestiegen hat, interessiert mich nur, wenn man dadurch die Liebe zu seiner Musik erhöhen kann. Nur diesem Zweck dienen meine populären Einführungs-Matineen an der Wiener Staatsoper und anderen Opernhäusern, nur diesem Zweck dienen meine Fernsehserien „Opernführer" und „Auf den Spuren von ..." und auch die Bücher, die ich geschrieben habe: über die Wiener Staatsoper, über Richard Wagner, über Johann Strauß. Nur meine neue Selbstbiographie „Marcel Prawy erzählt aus seinem Leben" haben mir gute Freunde füglich abgerungen – ich habe mich nie für mich selbst interessiert. Nur für die Großen der Welt, denen ich mich niemals zugerechnet habe. Erst die wunderbaren Dinge, die man zu meinem letzten (auch so „runden") Geburtstag veranstaltet hat – in der Staatsoper, im Fernsehen und jetzt im Kunsthistorischen Museum – haben mir den Eindruck vermittelt, daß ich doch vielleicht etwas geleistet habe. Ich möchte ein altes Witzwort zitieren, in dem der Angeklagte in einem Strafprozeß zum Richter sagt: „Die Worte meines Verteidigers haben sogar mich von meiner Unschuld überzeugt ..."

Die Shows im Kosmos-Theater ab 1952 bereiteten den Boden für Marcel Prawys Musical-Produktion an der Wiener Volksoper.

Ich glaube, daß man auch aus scheinbar hoffnungslosen Situationen geistigen und seelischen Gewinn ziehen kann. Da zwischen dem sogenannten „Führer" und mir unüberbrückbare Differenzen bestanden, blieb mir die Emigration in die USA als einziger Ausweg. Einen Teil meiner Familie konnte ich retten, ein anderer Teil kam im KZ ums Leben. Nach Amerika kam ich als gebildeter Österreicher mit der Überzeugung, die „Weisheit mit dem Schöpflöffel" gegessen zu haben, und erkannte, daß ich von amerikanischer Kultur keine Ahnung hatte. Es mag heute nicht „in" sein, aber ich war sofort vom amerikanischen Kulturleben begeistert, von den Büchern, Zeitungen, Theatern, dem Musikleben. Sogar, und das blieb mir bis heute, von der amerikanischen Sprache. In neuen Sprachschulen gilt bereits „Amerikanisch" als andere Sprache als „Englisch". Die englische Sprache ist noch irgendwie die Sprache Shakespeares. Die amerikanische verändert sich mit der Zeit. Die russischen Flüchtlinge um 1900 haben sie verändert, ebenso wir Hitler-Flüchtlinge und später die Kuba-Flüchtlinge. Da ich sozusagen in guter Stellung auswanderte – als Sekretär des Weltstar-Tenors Jan Kiepura und seiner Gattin, dem Filmstar Marta Eggerth –, blieb mir das Elend anderer Emigranten erspart. Durch Kiepura lernte ich die amerikanische Opern- und Konzertwelt lieben – Marta Eggerth aber spielte in dem mir damals noch unbekannten Genre des Musicals. Wenn ich viele Jahre später durch die Vision des unvergessenen Ingenieur Ernst Marboe, des Leiters der Bundestheaterverwaltung, zum ersten Mal auf dem europäischen Kontinent mit „Kiss me, Kate" (1956 an der Volksoper) ein Musical produzieren durfte, und wir die europäische Theaterlandschaft dadurch verändert haben, wurden die Wurzeln dazu in meiner amerikanischen Emigrationszeit gelegt.

Ich glaube an die Wichtigkeit, fremde Sprachen zu beherrschen. Damit verschwindet Haß. Wen man versteht, den haßt man nicht. Man versteht, daß jeder im Grunde nur dasselbe will: gut leben. Wenn man den anderen nicht versteht, vermutet man, er habe Feindliches gesagt. Ich halte meine Vorträge in sechs Sprachen. Böse Zungen behaupten, ich mache in allen Sprachen dieselben Fehler. Aber ich habe eine besondere Einstellung zu Sprachfehlern. Grammatische Fehler sind tragbar – wenn die Botschaft klar herauskommt, und man Anekdoten oder lustige Worte dennoch versteht. Man lernt durch Sprachenkenntnis viel von der Psychologie anderer Nationen, und Kenntnis führt immer zu Freundschaft und Verstehen. Ich habe 1975 zum 150. Geburtstag von Johann Strauß Sohn Vorträge in verschiedenen Sprachen auf einer Tournee gehalten, in Rom im österreichischen Kulturinstitut in Italienisch, im bundesdeutschen Parlament von Bonn in Deutsch, im Pariser Senat im Palais Luxembourg in Französisch, in Amerikahäusern in Englisch, und habe erst während der Flüge zwischen den einzelnen Stationen, als ich Übersetzungen ausprobieren wollte, erfaßt, daß einfache Übersetzungen unmöglich sind. Jede Sprache verlangt einen anderen Vortrag, jede Nation hat andere Interessensvorlieben und einen anderen Stand der Vorkenntnisse. Wenn man einen deutschen Brief perfekt ins Englische übersetzt, bleibt er doch immer ein deutscher Brief, weil die Gedanken und Themenfolgen auf Englisch ganz andere wären. Sprachen sind übrigens mein einziges außermusikalisches Hobby. Ich verdanke viel den Sprachkursen in den Kindertagen unseres Radios, Englisch mit Mr. McCallum, Französisch mit Monsieur Louis Rivière, Italienisch mit Maestro Giorgio Ressmann. Thanks, merci, grazie!!!

Ich glaube, daß es ein geplantes, aber auch ein ungeplantes Leben geben kann. Wo ich Erfolge verbuchen konnte, bin ich – entgegen der Meinung meiner Freunde – durch Zufälle in diese „hineingeschlittert“. In meiner Jugend war ich von musikalischen Titanen umgeben: Richard Strauss war der führende Dirigent der Staatsoper, Wilhelm Furtwängler leitete die Philharmoniker. Fest davon überzeugt, in dieser Titanenwelt nur als Zuhörer fungieren zu können, wurde ich Doktor der Rechtswissenschaften. Dann nahm ich 1936, nicht zur reinen Freude meiner Familie, die Stellung als Sekretär von Kammersänger Jan Kiepura an – so lernte ich die geliebte Welt der Kulissen von der anderen Seite kennen und gehörte plötzlich irgendwie „dazu“. Als ich nach meiner Heimkehr aus der amerikanischen Emigration das amerikanische Musical in Europa einführte (nach Wien konnte ich dies noch in Belgien und Italien machen), da wurde das anfangs nur verlacht: „Was? Musicals in Wien? Unmöglich! In Wien will man doch nur Operette ...“ Als Janne Ranninger, die Produktionsleiterin des österreichischen Fernsehens, mich 1964 zum „Opernführer“ des Fernsehens einlud, hatte sogar ich Bedenken. Opernführer im Fernsehen?! Was für eine Schnapsidee! Mittlerweile bin ich nach 37 Jahren TV-Tätigkeit mit unveränderten Programm-Typen der längst dienende „Dinosaurier“ des ORF. Meine Einführungsmatineen, jetzt auf der Bühne der Staatsoper vor stets ausverkauftem Haus, oft mit Fernsehaufzeichnung, begann ich Ende der sechziger Jahre unter der Direktion des von mir verehrten Direktors Albert Moser für die Volksoper, zuerst im Palais Pálffy. Damals sagte man mir ein Durchschnittspublikum von 20 Personen voraus ... Es kam anders.

Eine andere Form von Wohnung: Depot für die Fundstücke einer lebenslangen Opernbegeisterung – und für Stofftiere.

Ich glaube, daß für eine produktive künstlerische oder geistige Arbeit unsere traditionellen Formen des Wohnens überholt sind und neuen weichen sollen. Ich habe diese neuen Formen des Wohnens für mich jedenfalls sehr vorteilhaft ausprobiert, will sie aber anderen nicht aufoktroyieren. Ich glaube nicht an konventionelle Wohnungen. Solange mein Hirn noch arbeitet, möchte ich es einsetzen, wo es etwas „zu geben" hat, und meine Gedanken nicht für meinem Hirn fremde Tätigkeiten verschwenden. Jeder soll nur das tun, was er versteht. Ich bin ein leidenschaftlicher Anhänger des Hotel-Lebens. Wenn es in einer Wohnung beim Fenster hereinregnet, weiß ich nicht, was zu tun ist. Ich bin Junggeselle und lebe allein, ich kenne auch niemanden, der von solchen Dingen etwas versteht. Im Hotel melde ich dem Portier, daß es hereinregnet, und vertraue auf seine professionelle Kenntnis, jemanden zu finden, der den Schaden beheben kann. Oder, wenn es einen Kurzschluß gibt oder wenn das Wasser nicht fließt. Da bin ich hilflos. Dafür weiß ich, wie man die „Frau ohne Schatten" inszenieren soll. In einer Küche bin ich verloren. Kochen kann ich nicht. Eine Köchin zu halten ist teurer, als zweimal täglich im besten Restaurant zu speisen. Die Zukunft liegt, wie das in Amerika schon längst geschieht, in einem modifizierten Hotel-Leben: Apartment mit Reinigungs-Service, im selben Gebäude Restaurant mit Zimmer-Service. Meine verstorbene geliebte Tante Hedi, Baronin von Gutmann (später von Wurzian), hat ständig im „Sacher" gelebt. Jetzt habe ich das von ihr übernommen, was sicher über meine finanziellen Verhältnisse geht. Hier fühle ich mich zu Hause, denn hier hat man den Eindruck, nicht nur sein Zimmer gemietet zu haben, sondern irgendwie das ganze Haus. Und man darf nicht nur den Hotelpreis ins Kalkül ziehen, sondern auch, was man sich erspart: Heizung, Bedienung, Wasser, Licht etc. – in meinen Fall erspare ich mir auch Taxispesen, denn ich logiere nur 30 Meter von meinem Büro in der Staatsoper entfernt.

Ich glaube, daß jeder Opernliebhaber überdenken sollte, welche Aufgabe er persönlich in der gegenwärtigen Krise der Oper zu erfüllen hätte. Von einer Krise der Oper hat man zu allen Zeiten gesprochen. Aber die jetzige Situation ist eine noch nie dagewesene. Seit fast 70 Jahren, etwa seit „Arabella", ist keine einzige Oper mehr in das Weltrepertoire aufgenommen worden. Ich habe in meiner Jugend noch jene Jahre erlebt, da das Publikum nicht konservativ, sondern dem Neuen gegenüber offen war, und die Sensationen die neuen Opern der Zeitgenossen waren. Das waren zum Teil große, ewig bleibende Kunstwerke, zum Teil auch an der Kasse echte Schlager: „Die tote Stadt", „Turandot", „Die Frau ohne Schatten", „Arabella", „Jonny spielt auf", „Schwanda, der Dudelsackpfeifer", „Wozzeck" etc., etc. In jeder Pause dieser Erstaufführungen prüften wir Stehplatzler einander, welche Melodien wir uns gemerkt hatten, und sangen sie einander (manchmal natürlich unpräzis) vor. Und nach der Vorstellung spielte der Pianist im „Sacher" bereits die Schlager aus der neuen Oper. Das galt nicht nur für eine an „Schlagern" überreiche Oper wie „Turandot", auch „Wozzeck" konnten wir nachsingen und gaben diesem bedeutenden Werk den Spitznamen „Die Cavalleria der Zweiten Wiener Schule". Da muß ich heute an ein berühmtes Lied meines Lieblingskomponisten auf dem Sektor der leichten Muse, Robert Stolz, denken: „Wohin ist das alles, wohin?" Eine ähnliche Produktionskrise hat es in den letzten 400 Jahren niemals gegeben. Ist die Oper zu einem musealen Friedhof alter Meisterwerke ohne Nachschub geworden? Der Gedanke ist schrecklich, aber er birgt ein Körnchen Wahrheit: Wir bewundern die alten Pyramiden, aber wir bauen keine mehr. So ist es mit den gotischen Kathedralen, mit den barocken Schlössern geschehen. Geschah es so mit der Oper? Sind wir machtlos?

Ich glaube, daß man es mit Preisausschreiben und Auftragsopern versuchen sollte, wobei jede Form von Skepsis über den Enderfolg durchaus angebracht ist. Von bei Opernpreisausschreiben prämierten Werken wurde in der ganzen Operngeschichte nur „Cavalleria Rusticana“ ein bleibender Erfolg. Anders steht es mit Auftragsopern. In den großen alten Zeiten des Opernschaffens waren die meisten Opern Ergebnisse von Aufträgen durch Fürsten, Impresarios oder Verleger – die aber gibt es kaum mehr. Plácido Domingo hat Opernaufträge vergeben und die Opern dann als grandioser Sänger durch seine Mitwirkung zu Kurzzeiterfolgen geführt. Bei Auftragsopern würde ich ein Experiment befürworten. Man muß sich von Anfang an klar darüber sein, was man erzielen will – einen Achtungserfolg bei der Presse oder ein bleibendes Werk. Ein Werk welchen Charakters? Es gibt einen interessanten, aber bedrückenden Ausspruch von Otto Schenk: „Wenn in einer neuen Oper eine schöne Melodie vorkäme, würde man sie als ‚gestohlen‘ verachten!“ Meine Idee wäre die folgende: Kann man eine Oper schaffen, die in ihrer musikalischen Struktur bis an die äußerste Grenze der Moderne geht, mit Aufgabe der traditionellen Tonarten als Schönberg-Nachfolge, mit neuartigen Instrumenten, mit Elektronik und allem, was dazu gehört – aber könnte man trotzdem das kostbarste Instrument der Welt, die menschliche Stimme, in ihrer Glorie belassen? Könnte es trotz allem nachsingbare Arien geben? Könnte es Einzelnummern geben? Ich glaube auch, daß die Schaffung so einer Oper nicht den Autoren allein überlassen sein darf. Es sollte über ihnen einen alles überblickenden Kopf geben, so wie es bei amerikanischen Musicals der „Producer“ ist. Oft habe ich mir im geheimen gewünscht, so eine Funktion ausüben zu dürfen. Ob ich es – wie beim Musical – geschafft hätte?

Ich glaube, daß – mit starken Vorbehalten – das Musical die Nachfolge der alten populären Oper angetreten hat. Sicher nicht jene von „Fidelio“ oder „Elektra“, aber jene von „Cavalleria“, „Bajazzo“, „Tosca“. Gilt eigentlich noch immer das große Wort von Leonard Bernstein: „Das Musical ist der Versuch einer Oper in amerikanischer Sprache, die noch immer auf ihren Mozart wartet“? Als ich in den fünfziger Jahren zum ersten Male Musicals auf unserem Kontinent produzierte, dachte ich lediglich an eine Bereicherung des stagnierenden modernen Opernrepertoires durch publikumswirksame Erfolgsstücke und nicht an die heutigen Langzeitläufer mit mehreren tausend Vorstellungen. Ich sehe meine Tätigkeit als eine Pionierarbeit, das Resultat aber nicht als die letzte, sondern die vorletzte Epoche der europäischen Musicalgeschichte. Ich spielte lediglich musikalische Meisterwerke an der Volksoper, eines Theaters würdig, das auch Mozart, Verdi und Johann Strauß spielt. Mit den größten Sängern, ohne Mikrophon. Ich brachte nur Meisterkomponisten: natürlich Leonard Bernstein und George Gershwin, aber auch Cole Porter, Irving Berlin, Jerome Kern, Richard Rodgers. Die Musicals der letzten Jahre sind grundverschieden. Es sind „Events“, oft glänzend produziert, wobei es auch Musik gibt, die aber nicht mehr im Zentrum des Interesses steht. Jeder, der in der Volksoper „West Side Story“ gesehen hat, nannte als Komponisten Leonard Bernstein. Ich kenne Leute, die begeistert am Theater an der Wien zehnmal „Elisabeth“ gesehen haben und noch immer den Namen des Komponisten nicht kennen. Es gibt eine allgemeine, weltweite Inflation der Dinge, die auch vor dem Musical nicht halt macht. War nicht der Dollar vor einigen Jahrzehnten auch mehr wert? Trotzdem: Wer heute ein neues musikalisches Werk erleben will, in dem ein bißchen gelacht, ein bißchen geweint, ein bißchen geliebt, ein bißchen gestorben wird und gelegentlich (immer seltener!) eine schöne Melodie erklingt, geht nicht mehr in die Oper, sondern zum Musical. Schade? Vielleicht. Aber kaum vermeidbar.

Ich glaube, daß wir den Verhunzungen und Verschandelungen von Opern durch eitle, sich-selbst-in-Szene-setzende, oft werk- und fachunkundige Regisseure entgegentreten können, indem wir von den Theatern das Eintrittsgeld plus Spesen zurückverlangen. Das wäre nicht durchsetzbar bei „schlechter“ Regie, sollte aber überlegt werden bei Inszenierungen, in denen das Stück „anders“, im Sinne von „betrügerisch falsch“ erzählt wird. Eine kleine Parade des in den letzten Jahren erlebten Regie-Grauens: In „La Traviata“ sterben alle Hauptrollen, es überlebt nur die Traviata. In „Aida“ wird der Einzugsmarsch durch einen Hitler-Mussolini-Film ersetzt. „Rheingold“ beginnt mit einem Nazi-Aufmarsch. In „Götterdämmerung“ spielt der letzte Akt auf einem jüdischen Friedhof. Geld zurückverlangen!

Im Kontakt mit den Großen (hier im Blickkontakt mit Bernstein) ist Prawy immer Publikum geblieben.

Ich glaube, daß bei Begegnungen mit wirklich Großen Funken auf uns überspringen. Ich habe mich nie für einen Großen gehalten, bin aber stolz darauf, ein Leben in deren Schatten gelebt zu haben. Herbert von Karajan schätzte mich, denn erstens konnte ich ihn zum Lachen bringen, zweitens interessierte er sich leidenschaftlich für meine Fernsehsendungen, die inhaltlichen und werkspezifischen Hintergründe der Opern, mit denen er sich trotz seines Interesses selbst nie intensiv befassen konnte.

Mit Leonard Bernstein verband mich eine tiefe wundervolle Zusammenarbeit. Er vertraute mir die deutsche Übersetzung aller seiner theatralischen Werke an. Alle hatten ihre kontinental-europäische Premiere in Produktionen von mir in Wien. Riccardo Muti wird allseits als Dirigent bewundert, aber ich kenne ihn auch als famosen Witzeerzähler. Abschließend ein Beispiel, angeblich von Muti selbst erlebt: Werbung in einem lokalen Fernsehsender von Philadelphia. Franz Schubert sitzt in voller Maske am Flügel und spielt. Aus dem Off ruft eine Stimme: „Schubert!" Schubert (ärgerlich): „Ruhe! Ich komponiere eine Symphonie!" Nochmals derselbe Dialog. Die Stimme aus dem Off: „Schubert! Wir haben Philadelphia Bier!" Schubert (erhebt sich): „Philadelphia Bier?! O.k. Ich lasse sie unvollendet!"

Zum Abschluß:
Viel, woran ich glaube, ist nicht allgemein gültig, nicht einmal immer für mich. Wesentlich aber ist:

ICH GLAUBE!

Der Großvater Marcell Frydmann, Chefredakteur des Fremdenblattes, wurde 1900 zum Ritter geschlagen (oben: das Ernennungsdekret). 1878 veröffentlichte er sein „Systematisches Handbuch der Vertheidigung im Strafverfahren" (links oben). Der Vater Richard Frydmann von Prawy (rechtes Bild, Mitte) war Ministerialrat im Verwaltungsgerichtshof und Hobby-Komponist.

Anfänge

Die Mutter Marie, geborene Mankiewicz, nahm sich 1925, fünf Jahre nach der Scheidung von Richard Frydmann, das Leben.

Marie Frydmann von Prawy mit ihrem Erstgeborenen, Marcell Horace. Der neugierige Blick ist Marcel Prawy geblieben. Die Dame im unteren Bild rechts ist das Kinderfräulein Lina, das dem Buben die ersten Schlager beibrachte.

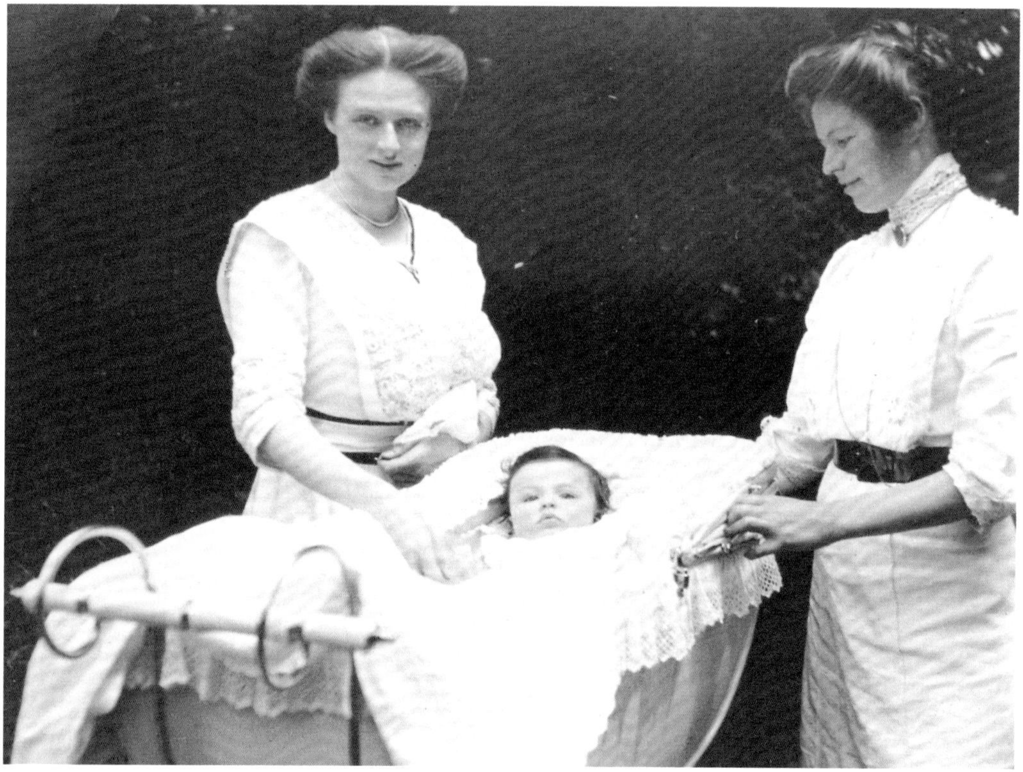

In die Sommerfrische fuhr der Halbwüchsige zu Tante Hedi (Baronin Hedwig von Wurzian, rechts) auf ihr Schloß in der mährischen Kleinstadt Tovačov (Tobitschau).

Nach der Scheidung von Marcel Prawys Mutter heiratete Richard Frydmann (oben, Zweiter von rechts) Marie Prokesch (Mitte). Rechts: Prawy mit seiner Schwester Edith, die in Kärnten aufwuchs und nach dem Krieg in die USA heiratete.

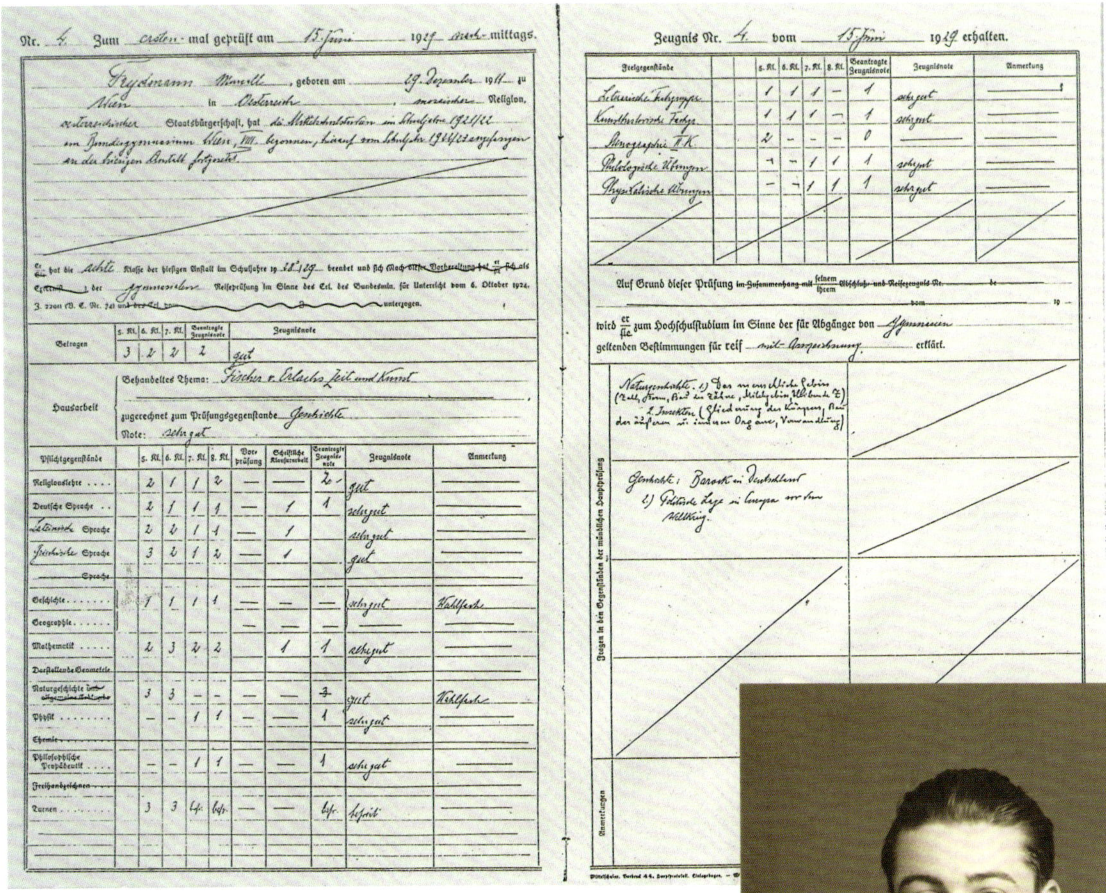

Nr. 4 Zum ersten mal geprüft am 15. Juni 1929 nach- mittags.

Frydmann Marcell, geboren am 29. Dezember 1911 zu Wien in Oesterreich, mosaischer Religion, österreichischer Staatsbürgerschaft, hat die Mittelschulstudien im Schuljahre 1921/22 am Bundesgymnasium Wien, VIII. begonnen, hierauf vom Schuljahre 1922/23 angefangen an der hiesigen Anstalt fortgesetzt.

Er hat die achte Klasse der hiesigen Anstalt im Schuljahre 1928/29 beendet und sich ~~Nach dieser Vorbereitung hat er sich als Externist~~ der gymnasialen Reifeprüfung im Sinne des Erl. des Bundesmin. für Unterricht vom 6. Oktober 1924, Z. 22011 (V. E. Nr. 74) ~~und des Erl. vom~~ ... unterzogen.

	5. Kl.	6. Kl.	7. Kl.	Beantragte Zeugnisnote	Zeugnisnote
Betragen	3	2	2	2	gut

Hausarbeit: Behandeltes Thema: Fischer v. Erlachs Zeit und Kunst. zugerechnet zum Prüfungsgegenstande Geschichte. Note: sehr gut

Pflichtgegenstände		5. Kl.	6. Kl.	7. Kl.	8. Kl.	Vorprüfung	Schriftliche Klausurarbeit	Beantragte Zeugnisnote	Zeugnisnote	Anmerkung
Religionslehre		2	1	1	2	—	—	2	gut	—
Deutsche Sprache		2	1	1	1	—	1	1	sehr gut	—
Lateinische Sprache		2	2	1	1	—	1		sehr gut	—
Griechische Sprache		3	2	1	2	—	1		gut	—
Sprache										
Geschichte		1	1	1	1	—	—	—	sehr gut	Wahlfache
Geographie						—	—	—	—	—
Mathematik		2	3	2	2		1	1	sehr gut	—
Darstellende Geometrie										
Naturgeschichte ~~und allgemeine Erdkunde~~		3	3	–	–	—	—	3	gut	Wahlfache
Physik		–	–	1	1	—	—	1	sehr gut	—
Chemie										
Philosophische Propädeutik		–	–	1	1	—	—	1	sehr gut	—
Freihandzeichnen										
Turnen		3	3	bfr.	bfr.	—	—	bfr.	befreit	—

Zeugnis Nr. 4 vom 15. Juni 1929 erhalten.

Freigegenstände			5. Kl.	6. Kl.	7. Kl.	8. Kl.	Beantragte Zeugnisnote	Zeugnisnote	Anmerkung
Literarische Arbeitsgruppe			1	1	1	–	1	sehr gut	—
Kunsthistorische Arbeitsgr.			1	1	1	–	1	sehr gut	—
Stenographie II. K.			2	–	–	–	0	—	—
Philologische Übungen			–	–	1	1	1	sehr gut	—
Physikalische Übungen			–	–	1	1	1	sehr gut	—

Auf Grund dieser Prüfung ~~im Zusammenhang mit seinem ihrem Abschluß- und Reifezeugnis Nr. ... de ... vom ... 19..~~ wird er zum Hochschulstudium im Sinne der für Abgänger von Gymnasien geltenden Bestimmungen für reif mit Auszeichnung erklärt.

Fragen in den Gegenständen der mündlichen Hauptprüfung:

Naturgeschichte. 1.) Das menschliche Gebiss (Zahl, Form, Bau der Zähne, Milchgebiss, Weisheitsz.) 2. Insekten (Gliederung des Körpers, Bau der äußeren u. inneren Organe, Verwandlung)

Geschichte: Barock in Deutschland 1.) Politische Lage in Europa vor dem Weltkrieg.

Anmerkungen

Nach einem „Rausschmiß" aus dem Piaristen-Gymnasium maturierte Prawy 1929 mit Auszeichnung am Gymnasium Wasagasse.

Familienerinnerungen: Über dem Klavier hängt ein Mädchenbildnis der Mutter (links), der Adelsbrief wird im Plastiksackerl aufbewahrt (oben). Das Grab des 1942 verstorbenen Vaters befindet sich in Oradel, New Jersey.

Karl Löbl

„Mit Meistern leben"

Herbst 1952 im Kosmos-Theater ...

Prawy und Wien - das ist die Geschichte einer spannenden Beziehung, aus der sich erst allmählich gegenseitige Liebe entwickelte.

Die Aktivitäten dieser Beziehung begannen im Herbst 1952, also vor einem halben Jahrhundert. Österreich war noch in vier Besatzungszonen eingeteilt, in Wien gehörten die „Vier im Jeep" (je ein amerikanischer, russischer, britischer, französischer Militärpolizist gemeinsam auf

Patrouille) noch zum Alltag. Die Wunden des Krieges, vor allem Bombenschäden, waren noch überall sichtbar. Das Leben begann sich erst allmählich zu normalisieren.
Es war die Zeit des legendären Mozart-Ensembles im Theater an der Wien, der – wie wir heute wissen – allzu großzügigen Entnazifizierungen, der beginnenden Staatsvertrags-Sondierungen. Allein in Wien erschienen zehn (!) Tageszeitungen. Es gab noch kein Fernsehen, Radio Wien hatte eine propagandistisch plumpe „Russische Stunde", die Amerikaner finanzierten ihre eigene Sendergruppe Rot-Weiß-Rot. Die Schellack-Platte wurde soeben vom Longplay-System abgelöst.

Nach sieben Jahren Nazi-Herrschaft war vieles nachzuholen, aber dem konservativen Publikum eilte es nicht. In Theater, Oper und Konzert erwiesen sich die verboten gewesenen Autoren und Komponisten keineswegs als zugkräftig. Bei der ersten Nachkriegs-Aufführung von Strawinskys „Le Sacre du Printemps" war der Konzerthaussaal – ich erinnere mich genau – bloß zu einem Drittel besetzt, und als das Stück zu Ende war, waren noch zirka 150 Besucher im Saal, die übrigen geflüchtet. Wolfgang Borchert und Georg Kaiser, Thornton Wilder und Jean Cocteau, Paul Hindemith und Béla Bartók, Arnold Schönberg und Alban Berg garantierten Publikums-Schwund.

Marcel Prawy, nach seiner Emigration schon seit 1946 als „Military Civilian" der US-Besatzungsmacht wieder in Wien, kannte also dieses Klima aus mangelnder Neugier, konservativem Beharren, Nostalgie. Trotzdem ging er das Risiko ein, dem Wiener Publikum etwas völlig Neues vorzustellen.
Im Herbst 1952 kündigte das (später zu einem Kino umgewandelte) Kosmos-Theater in der Wiener Siebensterngasse das Programm „Von Show Boat bis South Pacific" – einen Querschnitt durch amerikanische Musicals – an. Das war eine Kunstform, die man hierzulande noch nicht kannte. In der Volksoper hatte gerade das Gastspiel einer amerikanischen Tourneeproduktion von Gershwins „Porgy and Bess" stattgefunden (mit Leontyne Price als Bess), was dem Interesse für die kleine Show gewiß dienlich war.
Die Kosmos-Bühne betrat ein gut aussehender Mann um die Vierzig, bekleidet mit weißem Smoking-Jackett zu schwarzer Hose, was damals als luxuriöse Extravaganz galt, und er begann zu erzählen. Über Amerika, die Welt des Musicals, die Sehnsucht der Amerikaner nach einer eigenen, bodenständigen Oper, von Komponisten, Stückinhalten, Traditionen, Verbindungen nach Old Europe. Uns, die wir unten im Parkett saßen, war bald klar: Hier wird Wissen nicht

belehrend, sondern unterhaltsam vermittelt. Hier geht es nicht um Daten, Tonarten, Titel, sondern um lebendige Musik im amerikanischen Alltag. Hier macht einer mit dem Charme eines Bonvivants, dem Können eines Praktikers und der Hartnäckigkeit des echten Liebhabers Reklame für etwas, das ihm am Herzen zu liegen scheint.

Marcel Prawy, von dem hier die Rede ist, stellte auch junge Talente vor, die er entdeckt hatte, etwa eine farbige Sopranistin namens Olive Moorefield, die sofort zum Publikumsliebling wurde, oder einen Wiener Bariton namens Walter Berry, der im Kosmos-Theater seine Weltkarriere begann.

Das Programm hatte sensationellen Erfolg, mußte viele Male wiederholt werden, war ständig ausverkauft und machte nicht nur auf die bunte Welt des amerikanischen Musicals aufmerksam, sondern auch auf den publikumswirksamen Conférencier, dessen Lebensgeschichte dann allmählich bekannt wurde: Vom Opernstehplatz war dieser Marcel Prawy über das Sekretariat des Ehepaares Kiepura-Eggerth zur US-Army und wieder zurück in seine Heimatstadt Wien gekommen. Und wer Prawy damals persönlich kennenlernte, erfuhr bald, daß sich das Wissen dieses Mannes auf Oper, Operette, Film, auf Sänger und ihre Stimmen bezog – und nicht bloß auf die Musik jenes Amerika, das ihm ein paar Jahre lang Sicherheit und Inspiration geboten hatte.

Prawy hatte für Wien eine Form des Bildungs-Entertainments kreiert, die wir damals naturgemäß für „typisch amerikanisch" hielten. Erst später entdeckten wir, daß Prawy seinen ganz persönlichen Stil zu entwickeln begann: Er erzählte stets Geschichte(n), auf eine sehr lebendige, anschauliche, pointierte Art, gewürzt durch Quervergleiche, unterbrochen durch passende Musikbeispiele – und er verstand es, seine Zuhörer zu *überzeugen,* weil seine Argumente, seine Beispiele stets treffsicher waren.
Es gab damals, Mitte der fünfziger Jahre, Wiener Musikfreunde, die fast süchtig waren nach den von Prawy produzierten und moderierten Shows, von denen mehrere herausgebracht wurden. Dann kam der Staatsvertrag, die Amerikaner zogen ab – Prawy blieb.

Wer seine Musical-Collagen erlebt hatte, mußte wohl der Meinung sein, es sollte einmal ein *komplettes* Stück in Wien produziert werden. Ernst Marboe, damals Chef der Bundestheater, gehörte zu denen, die so dachten. Er machte Prawy 1955 zum Chefdramaturgen an der Volksoper und gab ihm den Auftrag, ein geeignetes Stück zu suchen und als Producer zu betreuen. Außerdem gab Marboe Prawy Rückendeckung. Die konnte er dringend brauchen.

Denn die Wiener Volksoper hatte sich zu einem Staatstheater entwickelt, das viel Operette spielte und damit beim Publikum erfolgreich war. Die klassische Wiener Operette der goldenen und silbernen Ära hatte in diesem Haus ein festes Ensemble, ein eingespieltes Leitungs-Team und daher auch eine militante Clique auf, hinter und vor der Bühne. Alteingesessene Regisseure, Dirigenten, Sänger und Musiker begegneten Prawy als Exponenten einer hier unbekannten theatralischen Sparte mit Mißtrauen und Ablehnung.

Als erste Großproduktion wurde Cole Porters Erfolgsmusical „Kiss me, Kate" ausgewählt, und bei der Vorbereitung dieser Premiere lernte man einen anderen, einen neuen Prawy kennen. Jetzt war nicht mehr der Entertainer, der Moderator, der Charmeur gefragt. Jetzt war ein Organisator, ein Stratege, ein starker Mann vonnöten, der richtige Ideen auch gegen hausinterne Widerstände durchsetzen konnte.
Widerstand gab's, weil Prawy das Ensemble-Prinzip durchbrach, weil er Amerikaner, auch „Farbige", mit geeigneten Wiener Sängern nach dem Stagione-System mischte, weil er außerdem für das Orchester zusätzliche Musiker holte, die den „jazzigen" Stil Cole Porters beherrschten. Bald gab es auch, hinter vorgehaltener Hand, jene üblen antisemitischen Bemerkungen, die offenbar unausrottbar sind.
Prawy bewies Nervenstärke, Souveränität, Überzeugungskraft. Für diese seine erste Produktion an der Wiener Volksoper betätigte er sich auch als Publicity-Manager: Marketing-Maßnahmen, die man derart konzentriert hierzulande zu diesem Zeitpunkt noch nicht kannte, waren neben der hohen Qualität der Aufführung wichtig für eine lange Serie ausverkaufter Vorstellungen.

In den 17 Jahren seiner Dramaturgen- und Producer-Tätigkeit an der Volksoper (von der er erst 1972 an die Staatsoper wechselte) hat Prawy nicht nur das Musical für Wien, mehr noch: für Europa durchgesetzt. Er wandte sein aus Amerika importiertes Producer-System auch bei Opernpremieren an, er organisierte die erste italienische Stagione nach dem Krieg (immerhin mit Mario del Monaco als Star), er suchte und fand neue Stücke, Dirigenten, Regisseure (etwa Otto Schenk) und theatralische Konstellationen. Letzteres erwies sich als besonders wichtig und ist heute wieder vielfach in Vergessenheit geraten: Welche Persönlichkeiten bringt man zusammen, um ihren individuellen Wert zu einer kollektiven Teamarbeit zu steigern ...?
Von diesen vielfältigen Aktivitäten Prawys sah das Publikum nur die Ergebnisse, wie es dazu kam, blieb ihm großteils verborgen. Popularität gehört nicht zum Lohn eines Dramaturgen oder Producers.

Populär bei einem *breiten* Publikum wurde Marcel Prawy erst ab Mitte der sechziger Jahre, als sich das Fernsehen durchzusetzen begann.
Am 3. April 1965 wurde die erste Sendung mit dem Titel „Opernführer" ausgestrahlt. Sie galt Offenbachs „Hoffmanns Erzählungen". Das Prinzip war einfach: Prawy erklärte den Inhalt, sprach über Leben und Werk des Komponisten, meist am Klavier sitzend (für ein paar Tonbeispiele) oder an einem mit Bildern und Büchern überhäuften Tisch. Zwischen seinen stets frei gesprochenen Texten wurden Ausschnitte aus dem jeweiligen Stück gezeigt.
Der Erfolg war so groß, daß der „Opernführer" eine Serie wurde. In manchen Jahren sendete der ORF bis zu sieben Folgen. Dazu kamen andere Fernseh-Produktionen mit Prawy: Künstlerporträts und Gedenksendungen, Stories über bedeutende Opernhäuser und auch Musikgeschichtliches. Und ab 1978 dann zusätzlich die Serie „Auf den Spuren von ...", gedreht an den originalen Schauplätzen berühmter Opern und Operetten oder an jenen Orten, wo Komponisten gelebt und gearbeitet hatten.

Es dauerte nicht lange, und für Marcel Prawy wurde jenes Prädikat erfunden, das ihm als Ehrentitel bis heute anhaftet und unbestritten auch ihm allein gebührt: „Opernführer der Nation".

Erstaunlich, daß sich die Wiener Opernhäuser die wachsende Fernseh-Popularität Prawys erst mit Verspätung zunutze machten: Am 10. Oktober 1976 fand die erste Opern-Matinee statt, bei der für eine bevorstehende Premiere Reklame gemacht wurde. Auch in diesen Matineen, die 20 Jahre lang von Prawy allein gestaltet wurden, setzte sich das erfolgreiche Prinzip durch: Vermittlung von Wissen, Gespräch mit einigen Mitwirkenden der neuen Produktion, Musikbeispiele – alles dramaturgisch klug gesteigert. Die Summe solch einer Matinee: Belehrung mit hohem Unterhaltungswert. Die Besucher waren (und sind bis heute) begeistert. Zuweilen war das Fernsehen auch hier mit dabei.

„Manchmal fragen mich Leute", meinte Prawy 1971 in einem Interview, „wie lange ich mich auf eine Sendung oder auf eine Matinee vorbereite. Da kann ich nur sagen: gar nicht – oder seit vierzig oder noch mehr Jahren."

Der ehemalige ORF-Generalintendant Gerd Bacher, der die Fernseh-Präsenz Prawys während seiner drei Amtsperioden vervielfachte, definierte: „Prawy ist jener Mann, der zum Verständnis der Kunstgattung Oper in unseren Breiten mehr beigetragen hat als die meisten Operndirektoren und Musikkritiker zusammen. Er ist das Unikum des Fachmannes, der aus Liebe zum Missionar wurde. Ich kann mich des Schmunzelns nicht erwehren, wenn ich höre und lese, wer aller die angeblich besten Showmaster, Präsentatoren und Moderatoren des deutschsprachigen Fernsehens seien. Mit Abstand ist unser Prawy auch da der Beste."

Ebenso enthusiastisch äußerte sich Ex-Bundeskanzler Franz Vranitzky: „Es gibt nicht viele Menschen, die annähernd so viel über Oper wissen, über ihre Geschichte, Aufführungspraxis, ihr Umfeld und ihre Existenzberechtigung, wie Marcel Prawy. Häufig ist eine solch enorme Menge von Wissen gerade das Moment, das die Vermittlung eines solchen Schatzes unmöglich macht: Während der Meister sich in endlosen Erklärungen ergeht, gähnt das Auditorium. Das ist bei Prawy selbstverständlich undenkbar. Was er vermittelt, ist nicht das Wissen eines Gelehrten, der er ist, sondern die große Liebe eines vollen Herzens, dessen Aufruf sich kaum jemand entziehen kann."
Kanzler Vranitzky hat exakt den wesentlichen Punkt getroffen: „Liebe eines vollen Herzens".

Das Musiktheater war und ist Marcel Prawys große Liebe, und das Glück seines Lebens sei es, sagt Prawy selbst, „mit Meistern leben zu können". Er meint damit die Werke, die von Meistern geschaffen wurden, und von denen man ein Leben lang lernen könne: „Jetzt geh' ich 75 Jahre in die Oper, und ich freu' mich jeden Abend wie ein Kind, wenn die Musiker die Instrumente einstimmen. Ich kann auch einen ganzen Abend lang nur der Flöte oder nur der Oboe zuhören und lerne dabei immer etwas Neues. Tausend Jahre wären dafür nicht genug."

„Die jungen Leute mögen mich sehr", konstatierte Prawy vor 30 Jahren, „und auch die alten. Nur die Mittelgeneration findet mich manchmal altmodisch."
Das hat sich geändert: Die Jungen von damals sind heute schon um die Fünfzig, also die neue Mittelgeneration, und sie haben Prawy die Treue gehalten. Und bei den Jungen von heute, die Prawys große Vergangenheit nur vom Hörensagen kennen, spürt man die Hochachtung vor seinem Wissen und die Bewunderung für seine nie erlahmende Aktivität.
Für diese Aktivität hat Prawy ein Rezept: „Sich das Leben immer schwerer machen. Noch eine Hürde nehmen. Nur nicht leiser treten. Denn bloß ein bisserl leiser – und du bist schon tot!"

Wer jemals mit Prawy zusammengearbeitet, seine Arbeitsmethode kennengelernt hat, weiß, daß ein wichtiger Motor dieser Aktivität seine Begeisterungsfähigkeit ist, ebenso seine unersättliche Neugier.

Es beginnt mit dem Inhalt eines jener legendären Plastiksäckchen, die nach Themen, Stücken, Personen geordnet sind und alles enthalten, was Prawy über Jahrzehnte hinweg zu den Themen, Stücken, Personen gesammelt hat. (Prawy: „Das bloße Alphabet ist der Tod jeder Ordnung!“) Im vorbereitenden Gespräch, etwa für eine Fernsehsendung, breitet Prawy vor dem Partner sein ganzes Wissen aus. Verbal, nicht mit Hilfe von Dokumenten. Und während er die mögliche Story solch einer Sendung umreißt, achtet er auf die Reaktionen seines Gegenübers: Was interessiert, was langweilt, was hat Neuigkeitswert, was wirkt witzig? Der Gesprächspartner avanciert so zur Testperson.
Deren Reaktionen scheinen Prawy zunächst nur nebenbei zu beschäftigen. Er gilt als miserabler Zuhörer, was freilich nur für den Moment zutrifft. Wenn Prawy das gesagt hat, was zu sagen er sich vorgenommen hatte, kommt er – mit Verspätung – sehr exakt auf die Anmerkungen, Einwände, Vorschläge seines Gegenübers zurück. Für vernünftige Ideen ist Prawy stets dankbar. Besserwisserei, Imponiergehabe, Unaufrichtigkeit sind bei ihm chancenlos.

Beispielhaft ist seine Genauigkeit bei der Arbeit. Ein Take, bei Dreharbeiten mit 70 Sekunden geplant, ist in der Realisierung kaum ein paar Sekunden kürzer oder länger. Prawy verfügt, wie jeder gute Moderator, über so etwas wie eine innere Uhr. Technische Probleme, daraus resultierende Wartezeiten sind ihm zuwider. Er ist nicht ungeduldig, aber es widerstrebt ihm, passiv sein zu müssen.

Ist Marcel Prawy eitel? Selbstverständlich – wie jeder, der sich vor Publikum mitteilt. (Ohne Eitelkeit täte und könnte man das nicht.) Aber er ist nicht eitel, was sein Äußeres, seine Kleidung, sein Auftreten betrifft. Prawys Eitelkeit gilt der Sache, der er dient: Er will unbedingt gut sein, er will überzeugen, er möchte Anhänger gewinnen. Nicht für einen Prawy-Fanclub, sondern für Wagner oder Richard Strauss, für Bernstein oder Robert Stolz. Denn er ist nicht nur glücklich, „mit Meistern leben zu können“, sondern er will ihre Größe verkünden – „in Demut vor dem, was sie geschaffen haben, und mit dem Wissen, daß ich damit der Ewigkeit diene“, sagt Prawy.
In einer Zeit, die Demut kaum noch kennt, erscheint solch ein Vokabular manchen vielleicht altmodisch oder pathetisch. Sie vergessen jedoch, daß Prawy aus einer Zeit stammt, in der Umgang mit Größe noch nicht in modische Kumpelhaftigkeit abgeglitten war. So ist es auch zu verstehen, wenn Prawy bekennt: „Ich habe stets in meinem Leben, seit ich Wissen vermittle,

das einzige gelehrt, was mir zu lehren wert schien: Liebe. Die Liebe zur Musik, die mich beglückt, auch anderen zu *ihrer* Bereicherung zu vermitteln."

Ist Prawy ein Propagandist sogenannter „Hochkultur"? Nicht nur. Er beschäftigt sich am liebsten mit Dingen, die seinen persönlichen Wertvorstellungen entsprechen, selbstverständlich. Das kann aber ein Couplet von Ralph Benatzky ebenso sein wie das Finale aus „Tristan und Isolde", ein Song aus „Oklahoma" ebenso wie eine Puccini-Arie mit der Stimme von Jan Kiepura. Entscheidend für ihn ist, daß Musik am Theater – und ihr gilt seine Zuneigung vor allem – „zu Herzen geht und Melodie hat. Erfüllt sie diese Kriterien nicht, kann sie interessant, hörenswert, sogar wirkungsvoll sein. Doch ein Meisterwerk ist sie dann nicht." Wer solche Maßstäbe als „konservativ" abtut, vergißt, daß es Prawy immer um *Breitenwirkung* ging und nie um Intellektualität.

Daher auch Prawys erbitterter Verbal-Krieg der letzten zehn, fünfzehn Jahre gegen die Auswüchse des sogenannten „Regietheaters". „Die Freiheit des Regisseurs endet dort, wo man wegen seiner Inszenierung die Inhaltsangabe im Programmheft ändern müßte" – das ist Prawys Credo. Wäre er jünger, würde der gelernte Jurist gewiß für Besucher, die sich geprellt fühlen, vor Gericht gehen, denn „beim Kauf einer Eintrittskarte erwarte ich vom Veranstalter die Lieferverpflichtung für ein bestimmtes Stück. Krieg' ich dieses nicht zu sehen, hätte ich das Recht, mein Eintrittsgeld zurückzuverlangen." Das ist Prawys zuletzt häufig verkündete kämpferische Ansicht.

Wer darüber lächelt, sollte bedenken, daß Prawy zu einer Zeit in der Oper herangewachsen ist, als man auf die neuen Werke eines Richard Strauss, Schreker, d'Albert, Pfitzner, Korngold, Alban Berg, Strawinsky wartete – nicht auf eine angeblich so neue, kühne Werkauffassung eines Regisseurs, die heutzutage statt echter Novitäten Theatergespräche beherrscht – und über diese Novitäten diskutierte.

„Mit Meistern leben zu können": dies als Fazit, als gewinnbringende Summe der eigenen Existenz?

Für Marcel Prawy kommt wohl noch etwas hinzu: daß er imstande war und ist, von seinem Glück, vermehrt um Wissen und Begeisterung, so viel an Zuschauer und Zuhörer, Theaterleute und Studenten, Anfänger und Fortgeschrittene weitergeben zu können.

So betrachtet, ist der „Opernführer der Nation" eigentlich immer ein – Verführer gewesen.

Georg Markus

„IM WINTER VERGISST ER, DASS ES KALT IST."

Marcel Prawy in Anekdoten

Marcel Prawy und Georg Markus beim Austausch von Anekdoten.

Sobald er über Musik spricht, hat man, laut Karl Löbl, das Gefühl, er wäre bei den Uraufführungen sämtlicher Verdi-Opern dabeigewesen – „aber nicht Giuseppe, sondern Monte[1]". Richtig ist, daß Marcel Prawy den Stehplatz der Wiener Staatsoper schon zu Zeiten frequentierte, als man einander dort noch zuraunte: „Da links in der Loge sitzt der Puccini, und der dort drüben, das ist der Korngold." Richtig ist auch, daß ihm Richard Strauss vor dem Bühnentürl des Hauses auf die Schulter geklopft hat, daß die Schwester einer Prawy-Tante mit Arnold Schönberg verheiratet und daß er Privatsekretär des Startenors Jan Kiepura und seiner Frau Marta Eggerth war.

In all den Jahren, seit ich mit „Marcello" befreundet bin, habe ich so viel Köstliches mit ihm erlebt oder von ihm erfahren, daß es Zeit wurde, etwas davon aufzuschreiben. Die Gelegenheit dazu bot sich, als ich ein Buch mit dem Titel „Die Enkel der Tante Jolesch" verfaßte, dessen Titel sich für ein Prawy-Kapitel als geradezu maßgeschneidert erweisen sollte. Denn so sehr der Musikforscher, Opernkenner und Universitätsprofessor Marcel Prawy durch Wissen und Ernsthaftigkeit besticht, so sehr ist der Mensch Marcel Prawy geprägt von Witz, Schlagfertigkeit und Charme.

Er war schon über siebzig, als ich ihn kennenlernte, aber ich kann nicht sagen, daß das „der alte Prawy" gewesen sei – den gibt's nämlich noch immer nicht, ich kenne keinen Jüngeren als ihn. Treffend hat Christoph Wagner-Trenkwitz, sein Nachfolger als Chefdramaturg der Staatsoper, „den alten Prawy" beschrieben: „Mein Gott, wie er manchmal geht, nein: schlurft. So, als

1 Claudio Monteverdi, italienischer Komponist, 1567-1643

würde er nur von seinem bejahrten Regenmantel zusammengehalten und von dem legendären Plastiksackerl vorwärts gezogen werden. Als wäre er wirklich so alt, wie er ist."
Ist er aber nicht. Obwohl er bisher rund 25.000 Opernvorstellungen besucht hat und auch sonst überall dabei war, wo im Laufe des 20. Jahrhunderts Musikgeschichte geschrieben wurde. Das Außergewöhnliche an Prawy ist, daß er das Erlebte in allen Einzelheiten in Erinnerung behalten hat und dieses ebenso lebendig wie pointiert an uns weitergeben kann. Er weiß zu jeder Tages- und Nachtzeit, daß ihm Richard Strauss am 7. Dezember 1926 nach einer „Elektra"-Vorstellung am Bühnentürl des Wiener Opernhauses begegnete, und er hat noch den Ton im Ohr, mit dem Hubert Marischka ein Jahr davor im Theater an der Wien „Komm, Zigan!" gesungen hat.

Obwohl der damals 14jährige Marcel die erwähnte Vorstellung der „Gräfin Mariza" aus familiären Gründen gar nicht hätte besuchen dürfen. Weil „die Hauptdarstellerin Betty Fischer mit meinem Onkel Karl Taussig, dem Mann meiner Tante Hedi, liiert war". Klein-Prawy kümmerte sich jedoch nicht um das Familienproblem, weil ihm das Theater an der Wien wichtiger war als die eigene Verwandtschaft.
Man wirft ihm ein Stichwort hin und schon sprudeln die Geschichten aus ihm heraus. Wo waren wir gerade stehengeblieben, ach ja, „Gräfin Mariza" / Emmerich Kálmán / Theater an der Wien – bitte sehr: Kálmán kam irgendwann in den zwanziger Jahren unangemeldet zu Hubert Marischka, dem Publikumsliebling und damaligen Direktor des Theaters. Das Vorzimmerfräulein bat den Meister, sich ein wenig zu gedulden, da Franz Lehár – Kálmáns schärfster Konkurrent – gerade beim Chef wäre. Kálmán legte seinen Mantel ab, hängte ihn im Vorzimmer neben den des Gegenspielers Lehár und wartete. Er wartete so lange, bis Lehár aus dem Büro kam, sich grußlos an Kálmán vorbeischwindelte und in einen der beiden dort hängenden Mäntel schlüpfte. Da hielt ihn Kálmán am Ärmel fest und sagte mit unverkennbar ungarischem Akzent: „Ferenc-Baci, mein Liebster, hast du so oft genommen meine Melodien – jetzt laß mir bitte wenigstens meinen Mantel!"

Prawy war nie *in der Nähe* von Kálmán, Stolz, Karajan oder Bernstein – er war immer *ein Teil* von ihnen. Weiß Gott, wie er das gemacht hat, immer zur richtigen Zeit am richtigen Ort zu sein, genau dort jedenfalls, wo gerade Historie passierte. Von der ersten Stunde seines Lebens an, denn er kam schon am richtigen Ort zur Welt, was durch diese Prawy-Episode belegt wird: Als Marcel 1946 aus der amerikanischen Emigration heimkehrte, mußte er sich bei einer

US-Dienststelle in der Schmidgasse im achten Bezirk melden. Da fragte ihn der Officer nach allen möglichen Daten, unter anderen, wo er geboren wurde.
Prawy sagte: „Hier!“
„Was heißt ‚hier‘?“ wunderte sich der Beamte.
„Genau hier, und zwar in dem Zimmer, in dem wir jetzt sitzen.“
Des Rätsels Lösung war, daß der Sitz des späteren „American Information Service“ dereinst das renommierte „Sanatorium Fürth“ beherbergte, in dem Marcell Frydmann Ritter von Prawy am 29. Dezember 1911 das Licht der Welt erblickte.
Seine Großeltern wohnten dann auch am richtigen Ort, nämlich am Brahms(!)platz im vierten Bezirk. Klar, daß an dem selben Platz auch zwei seiner „Götter“ lebten, die Kammersänger Rosette Anday und Alfred Piccaver, „der König der Absager, der mehr Vorstellungen versäumt als gesungen hat“.
Das Elternhaus stand überraschenderweise am Möllwaldplatz – überraschend, weil Herr Möllwald weder Komponist noch Sänger (sondern Mittelschuldirektor) war, was nichts daran ändern sollte, daß Marcel auch hier eine beachtliche Nachbarschaft hatte: In einem Nebenhaus wohnte Kammersänger Franz Steiner, ein enger Freund von Richard Strauss, der diesen oft am Flügel begleitete, im anderen Nebenhaus Herr Ebenstein, der prominenteste Schneider Wiens. Zwei dieser Herren spielen Hauptrollen in einem Scherzwort von damals, das Prawy in Erinnerung behielt: Es gab eine Skatpartie, bestehend aus Richard Strauss, der den „Rosenkavalier“ schuf, aus dem „Walzertraum“-Komponisten Oscar Straus – der eine riesige Nase hatte – und aus dem Schneider Ebenstein. Und da witzelte man: „Wer trifft sich samstags zur Skatpartie? Der Rosenkavalier, der Nosenkavalier und der Hosenkavalier.“

Mit dem „Rosenkavalier“ Richard Strauss, seinem absoluten Lieblingskomponisten, trat er vorerst in indirekten Kontakt, da Marcels Großmama väterlicherseits – sie wohnte in der Rathausstraße – eine für ihre Kochkünste berühmte Hausangestellte namens Agnes hatte. Richard Strauss sprach diese mehrmals auf der Straße an, um sie abzuwerben. Doch die brave Köchin widerstand den Verlockungen, ins Haus des damaligen Operndirektors überzuwechseln, und blieb den Prawys treu – was Marcel bis zum heutigen Tage nicht verstehen kann: „Ich wäre natürlich zu Richard Strauss gegangen.“
Glücklicherweise stand dies nie zur Diskussion, da unter all seinen Begabungen „Marcellos“ Kochkunst an allerletzter Stelle rangiert.
Ein paar Jahre später war er schon Stammgast der Wiener Staatsoper, in der er Zeuge historischer Auftritte von Leo Slezak, Richard Tauber, Jan Kiepura, Lotte Lehmann und Maria Jeritza

wurde. Wer, bitte sehr, kann einem jungen Menschen heute erklären, wer „die Jeritza" war? Prawy kann es: „Nimm das Aussehen der Marilyn Monroe, die Stimme der Birgit Nilsson und die Schauspielkunst der Paula Wessely, dann hast du ein Viertel von der Jeritza."
Die Angehimmelte wohnte in der Stallburggasse 2, im selben Haus wie Bundeskanzler Dollfuß. Wenn Prawy und seine Stehplatzfreunde der Jeritza dort nach einer Vorstellung zujubelten und sich irrtümlicherweise Dollfuß am Fenster zeigte, „war es uns peinlich, ihm zu bedeuten, daß wir nicht ihn gemeint hatten". Später lernte er die Jeritza natürlich persönlich kennen, verbrachte mehrere Monate in ihrem Haus bei New York, wo sie ihn „Prawyczku" nannte.

Am 31. Dezember 1936 wurde er von Jan Kiepura angerufen, der ihn noch aus den Zeiten des Bühnentürls kannte. Der Film- und Opernstar fragte ihn jetzt, ob er sein Sekretär werden wolle. Marcel Prawy war wieder einmal zur richtigen Zeit am richtigen Ort gewesen.
Natürlich gibt es auch eine hierher passende Kiepura-Geschichte: Prawys „Chef" sang in der Wiener Staatsoper den Herzog in Verdis „Rigoletto". Nachdem der Vorhang gefallen und der stürmische Schlußapplaus verebbt war, wurde ein Klavier auf die Bühne geschoben, und ein Pianist intonierte einen berühmten Filmschlager von Robert Stolz. Kiepura sang dazu „Ob blond, ob braun, ich liebe alle Frau'n", und das Publikum johlte vor Begeisterung.
Danach fuhr man in Kiepuras Wiener Mietwohnung in der Hietzinger Wenzgasse. Kaum dort angekommen, klingelte schon das Telefon. Direktionsrat Heinrich Reif-Gintl (der viele Jahre später dann Direktor wurde) schrie Prawy entrüstet an: „Was Ihr Chef da gemacht hat, ist indiskutabel. Man kann nicht auf der Bühne der Wiener Staatsoper Schlagerzugaben mit Klavierbegleitung singen! Absolut unmöglich! Ich verbiete das!"
Nach der nächsten Vorstellung sprach Kiepura vor dem Vorhang zum Publikum in seinem oft imitierten polnischen Akzent: „Herr Reif-Gintl hat gesagt, darf ich hier nicht singen Schlager mit Klavierbegleitung! Bitte, werd' ich singen *ohne* Klavierbegleitung!" Er stellte sich hin und schmetterte „Ob blond, ob braun ..." A cappella.
Unvergleichlicher Jubel im Zuschauerraum – und Prawy war wieder einmal zur richtigen Zeit am richtigen Ort gewesen, um uns eine seiner zahllosen Geschichten hinterlassen zu können.

Am falschen Ort war er nur an jenem 13. März 1938, als Hitlers Truppen in Wien einmarschierten. Der Termin war von den Nazis gewählt worden, um die für April vorgesehene Volksabstimmung über einen „Anschluß" Österreichs an das Deutsche Reich kontrollieren zu können.

Da befand sich Marcel Prawy in dem vis-à-vis der Wiener Staatsoper gelegenen Büro des jüdischen Filmproduzenten Oskar Glück und beobachtete mit diesem einen Naziaufmarsch, bei dem die über die Ringstraße ziehenden Horden „Heil Hitler!“ und „Juda verrecke!“ brüllten. Glück schloß das Fenster, blickte noch einmal auf die grölende Menge und sagte: „Prawy, ich selbst und meine Sekretärin, Fräulein Schlesinger, wir beide stimmen sicher für den Schuschnigg. Aber bei denen da unten bin ich mir nicht so sicher!“

Prawy gelangte mit Jan Kiepura und Marta Eggerth in die USA, wo er all den Großen, von hier Vertriebenen wiederbegegnete. Emmerich Kálmán ebenso wie Paul Abraham und Robert Stolz, aber auch Oscar Straus, der in der Fremde darunter litt, mit Johann Strauß verwechselt zu werden. Als Straus einmal in der Constitution Hall in Washington sein Programm „From Strauß to Straus“ dirigierte, saß Harry S. Truman im Zuschauerraum. Der überaus musikalische Präsident schickte dem Dirigenten in der Pause seine Visitenkarte in die Garderobe, mit der Bitte, als Zugabe den Donauwalzer zu spielen, schrieb aber vorsichtshalber gleich dazu: „Ich weiß, daß Sie ihn nicht komponiert haben.“
Die nächste Pointe leitet Prawy mit einem Satz ein, der für diese ganze Epoche stehen könnte: „Es ist schrecklich, wenn man über so furchtbare Tage etwas Lustiges erzählt. Aber als man meinem Freund Erich Wolfgang Korngold während des Krieges in Hollywood erzählte, die Japaner hätten eine Wasserstoffbombe erfunden, seufzte er:
‚Entsetzlich! Wir werden alle blond!'“

Nach dem Krieg wieder in Wien, unternahm Prawy den Versuch, die ebenfalls aus der Emigration heimgekehrten, mit ihm befreundeten, untereinander aber auf Kriegsfuß stehenden Komponisten Oscar Straus und Robert Stolz zu versöhnen. Also lud er, obwohl er fast kein Geld hatte, zu einer Party ins „Sacher“, wo sich die beiden sofort blendend verstanden. Alle Anwesenden hatten den Eindruck, als wären Straus und Stolz immer schon die besten Freunde gewesen. Stolz summte „Leise, ganz leise“ und Straus klimperte auf dem Sacher-Klavier „Im Prater blüh'n wieder die Bäume“, sie fielen einander um den Hals, und als sie voneinander Abschied nahmen, schien die Welt endlich so heil zu sein, wie es sich für die Operette geziemt.
Am nächsten Tag waren sie wieder genauso bös aufeinander wie zuvor. Aber „Marcello“ hatte für die Versöhnungsparty sein letztes Geld ausgegeben.
Prawy war nun amerikanischer Kulturbeauftragter in Wien, zu dessen Aufgaben es gehörte, Beiträge für die Wochenschau zu gestalten. Als im Februar 1949 Rudolf Sieczynski seinen 70. Geburtstag feierte, wollte Prawy ein Porträt über diesen drehen. Wer aber war Rudolf

Sieczynski? Hauptberuflich Hofrat der Niederösterreichischen Landesregierung, hatte er nebenbei mehr als hundert Wienerlieder komponiert, die alle längst vergessen sind.
Alle – bis auf eines. Das aber wurde zur heimlichen Hymne dieser Stadt: „Wien, Wien, nur du allein".
Prawy kam in die Wohnung des Hofrats und bat den Komponisten, vor laufender Kamera sein berühmtes Lied am Klavier zu spielen. Dabei stellte sich zu „Marcellos" großer Verwunderung heraus, daß Herr Sieczynski kaum Klavier spielen konnte. Was tut Prawy in einer solchen Situation? Er setzte den Komponisten an den Flügel – und legte sich selbst zu seinen Füßen. Unters Klavier.

In dieser Position spielte Prawy das berühmte Lied. In der Wochenschau hat das dann keiner bemerkt, alles sah aus wie echt. Man sah Sieczynskis Gesicht und Prawys Finger.

Ehe Prawy Chefdramaturg der Staatsoper wurde, bekleidete er diese Funktion an der Volksoper. Eines Abends feierte dort – er weiß, daß das am 14. Dezember 1948 war – Alfred Jergers Neuinszenierung der Operette „Eine Nacht in Venedig" in sensationeller Besetzung Premiere: Esther Réthy, Helge Rosvaenge und Erich Kunz trugen ebenso zum Gelingen des Johann-Strauß-Klassikers bei wie der Dirigent Anton Paulik. Auf der Bühne bewunderte man auch die Damen Maria Olczewska, Hertha Mayen und – in einer kleineren Rolle – die spätere Josefstadt-Schauspielerin und Prawy-Gefährtin Senta Wengraf.
Als Prawy nach der Premiere die Damengarderobe betrat, um den anwesenden Künstlerinnen zu gratulieren, wurde er Zeuge einer Szene, deren auslösendes Moment bereits Jahrzehnte zurücklag: Die Olczewska war Mitte der zwanziger Jahre aus der Staatsoper entlassen worden, weil sie während einer „Walküre"-Vorstellung der Jeritza ins Gesicht zu spucken versucht hatte (diese jedoch verfehlte und eine neben ihr stehende Kollegin traf). Maria Jeritza hatte damals Emil Schipper, dem feschen Ehemann der Olczewska, schöne Augen gemacht – was diese mit ihrem Speichel rächen wollte.
Ein Vierteljahrhundert war seither vergangen, doch Prawy mußte in der Damengarderobe der Volksoper feststellen, daß die Eifersucht der Olczewska ungebrochen war. Kam sie doch nach der Vorstellung auf eine weitere Untreue ihres Mannes – wenn auch mit einer ganz anderen Sängerin – zu sprechen. „Dieses Schwein, er hat mich betrogen", brüllte die Diva, „er hat mich betrogen mit einer – entschuldigen Sie, Frau Mayen: mit einer Hure! Noch dazu – entschuldigen Sie, Herr Prawy: mit einer jüdischen!"

Aus seiner Volksopernzeit stammt auch jene Episode, die ihn mit Wiens Kritikerpapst Hans Weigel zusammenführte. Weigel, der damals aus irgendeinem Grund nicht gut auf Prawy zu sprechen war, saß eines Abends im Café Volksoper neben der Schauspielerin Louise Martini, als ein stattlicher, gut aussehender Herr das Lokal betrat und höflich grüßte – zuerst Louise Martini und dann Hans Weigel. Worauf die beiden den Gruß ebenso höflich erwiderten. Kaum war der stattliche Herr außer Sichtweite, fragte Weigel – der extrem kurzsichtig war und daher oft gleichzeitig mehrere Brillen auf Stirn und Nase platziert hatte – seine Tischnachbarin, wer der Herr gewesen sei, den sie gerade gegrüßt hätten.
„Das war der Prawy", antwortete Louise Martini.
Kaum hatte Weigel diese Auskunft erhalten, begann er aufgeregt in seiner Aktentasche nach irgendwelchen Papieren zu suchen. Als er sie endlich gefunden hatte, sprang er auf und lief Prawy nach. Sobald er ihn eingeholt hatte, hielt er diesem die mitgebrachten Unterlagen vors Gesicht und sagte:
„Das sind ärztliche Atteste, die bescheinigen, daß ich schlecht sehe. Nur so konnte es passieren, Herr Doktor Prawy, daß ich Sie gegrüßt habe."
Sprach's und ging – diesmal selbstverständlich grußlos – zurück an seinen Tisch.

Dank seiner originellen Persönlichkeit zählt Prawy seit vielen Jahren zu den meist parodierten Österreichern, was schon zu manch skurriler Situation führte.
So fand vor geraumer Zeit in Salzburg ein großes Musiksymposion statt, zu dem Forscher aus aller Welt angereist waren. Zum Ausklang, der gleichzeitig auch Höhepunkt sein sollte, wurde den Experten der berühmte „Opernführer" Marcel Prawy aus Wien angekündigt.
Am letzten Tag des Symposions trat einer der Veranstalter ans Podium und kündigte an, daß die Gäste zur Einstimmung erfahren sollten, in welch einzigartiger Weise Herr Doktor Prawy den Österreichern durch seine Fernsehsendungen die Welt der Oper erklärt. Und deshalb sollte zuerst das Videoband einer Prawy-Sendung vorgeführt werden. Und danach würde man – zur Zerstreuung der Gäste und ebenfalls auf Video – eine der hinreißenden Parodien zeigen, die der nicht minder berühmte Kammersänger Heinz Holecek von der Wiener Staatsoper auf Marcel Prawy macht. Der Redner verließ das Podium, und ein Techniker legte Videoband Nr. 1 ein. Leider hatte dieser die angekündigte Reihenfolge mißachtet.
Also lief zuerst Heinz Holeceks Parodie.
Und erst danach wurde das Band mit dem echten Marcel Prawy eingelegt. Die aus Japan, Amerika, aus China, Taiwan und anderen fernen Ländern angereisten Musikologen schauten interessiert zu. Zuerst dem Heinz Holecek, bei dessen Darbietung keine Miene verzogen wurde.

Und dann dem Doktor Prawy. Ein kleines Kichern da und dort, dann ein Lächeln und ein heftigeres Lachen. Zu guter Letzt brüllten die Leute lauthals und klopften sich vor Begeisterung auf die Schenkel.
Dieser Prawy, dachten sie, kann diesen Holecek wirklich gut nachahmen. Es war die kuriose Situation eingetreten, daß die Zuseher – die ja weder den einen noch den anderen kannten – Holecek für den „Opernführer" und Prawy für dessen Imitator hielten.
Kaum einer von ihnen verstand auch nur ein Wort Deutsch, doch sie erkannten, daß der Letztere dem Ersteren in Aussehen, Sprache und Gestik sehr ähnlich war.
Professor Marcel Prawy, fanden sie, ist ein prachtvoller Parodist des Heinz Holecek.

In einem anderen Fall wurde eine Prawy-Parodie, die ich für eine Holecek-Fernsehshow geschrieben hatte, von der Wirklichkeit eingeholt. Nach einer (ebenfalls von „Honzo" gespielten) Frank-Sinatra-Imitation sagte Holecek im Fernsehen „als Prawy":
„Das, meine Damen und Herren, war unser geliebter Freund Frankieboy Sinatra, genannt ‚Die Stimme', zu Deutsch ‚The Voice'. Ich hab' ihn schon gekannt seinerzeit, da war er noch nicht der King des Entertainments und des Showbusiness. Ich war damals in Philadelphia auf einer Tournee mit dem Titel ‚Die Bedeutung des Opernführers für den Middlewest', ich stand gerade vor dem Hotel Giacomo Puccini, Ecke Gershwin-Avenue / Paganini-Road und ließ mir die Schuhe putzen. Und wer, glauben Sie, war mein Shoeshineboy? Natürlich, unser geliebter Freund Frankieboy Sinatra. Es blieb mir nichts anderes übrig, als ihn zu entdecken, ich schleppte ihn in die Carnegie Hall, und nach ganz kurzer Zeit war er ein gemachter Mann."
Soweit der für eine Fernsehshow erfundene Text. Jahre später erfuhr ich, wie Prawy zwar nicht Frank Sinatra, dafür aber einen anderen Sänger auf ganz ähnliche Weise entdeckt hatte, diesmal aber wirklich: Als der „Opernführer" Mitte der fünfziger Jahre mit einem alten Oldsmobile durch den US-Bundesstaat Pennsylvania reiste und mit einer Reifenpanne auf einem Highway stehenbleiben mußte, half ihm ein freundlicher schwarzer Herr beim Wechseln des Rades. Am selben Abend schon war Prawy in die „Kiss me, Kate"-Vorstellung eines nahen Theaters eingeladen, in dem der Hilfsbereite – er hieß Hubert Dilworth – mitspielte. Und wenige Monate später sang Mr. Dilworth an der Wiener Volksoper eine der Hauptrollen desselben (natürlich von Prawy produzierten) Musicals. Prawy war seiner eigenen Parodie zuvorgekommen.
Es war ihm zur richtigen Zeit am richtigen Ort ein Reifen geplatzt.

Ich bezweifle übrigens, ob er das defekte Rad selbst hätte reparieren können, denn „Marcello“ ist mit den täglichen Dingen des Lebens weit weniger vertraut als mit der Opernwelt. Einige biographische Details deuten sogar darauf hin, daß er schon ein zerstreuter Professor war, noch ehe er diesen Titel trug. Jedenfalls behauptet Marta Eggerth, daß sich auf dem Schreibtisch ihres Mannes Jan Kiepura heute noch von Prawy nicht erledigte Briefe aus dem Jahr 1937 türmen. Einzigartig ist Prawys Mischung aus umfassendem Wissen, seiner Liebe und dem scheinbar untrüglichen Instinkt, was dem Publikum nahegeht. Heißt das aber, daß er als musikalische Instanz unfehlbar ist? Nun, ich kenne eine die Regel bestätigende Ausnahme: Bei der nach dem Zweiten Weltkrieg schrittweise erfolgten Annäherung Österreichs an das jüdische Volk spielten die Wiener Operettengastspiele eine nicht unbedeutende Rolle, zumal die Sänger während ihrer Tourneen durch Israel auf große Begeisterung stießen. Als Peter Minich und Ildiko Raimondi in Jerusalem mit Melodien von Strauß und Kálmán auftraten, gab ihnen Marcel Prawy – der die Vorstellungen moderierte – den Rat, den Abend unbedingt mit dem Israel-Marsch „Follow the Sun to the Promised Land“ von Robert Stolz ausklingen zu lassen. „Diese Draufgabe werden die Besucher als besondere Verbeugung vor dem Staat Israel verstehen“, prophezeite der Experte, „das wird der krönende Abschluß, ihr werdet Triumph und Ovationen erleben. Aber nur, wenn ihr das Lied auf Hebräisch singt.“
Die Sänger büffelten mit Hilfe eines Dolmetsches wochenlang den in der fremden Sprache so schwer zu erlernenden Text: *„Mit'chelet rom welivnat hagal ...“*
Das Konzert in Jerusalem wurde dann tatsächlich mit überschwenglicher Begeisterung aufgenommen. Als Peter Minich die schönsten Melodien aus der „Fledermaus“, der „Csárdásfürstin“ und der „Gräfin Mariza“ schmetterte, standen den zahlreich erschienenen Wiener Emigranten die Tränen in den Augen.
Doch ausgerechnet nach dem so mühsam auf Hebräisch einstudierten Israel-Marsch, der doch eine Verbeugung vor dem jüdischen Volk darstellen sollte, tröpfelte der Applaus zaghaft.
Die Enttäuschung war den Sängern nach all der Plage ins Gesicht geschrieben. Da kam ein Musiker des sie begleitenden Jerusalem Symphonieorchesters in die Künstlergarderobe und sagte zu den Wienern: „Es war wunderbar! Nur die Draufgabe war keine gute Idee. Nach so einem Abend spielt man den Radetzkymarsch!“

Seiner eigenen Berechnung zufolge hat Prawy an der Wiener Staatsoper 28 Direktoren erlebt. Zweien davon verdanken wir eine weitere Prawy-Pointe, zu deren Erklärung vorausgeschickt sei, daß der Industrielle Peter Landesmann und seine Frau Ellen seit Jahrzehnten zu Wiens großzügigsten Gastgebern zählen. Bei Landesmanns geladen zu sein, kommt einem Adelsprädikat gleich. Wer Rang und Namen hat, darf sich der opulenten Buffets (Ernst Haeusserman kreierte den Ausdruck „Der Landesmann nagt am Hummertuch") und der gediegenen Atmosphäre in der Villa Landesmann auf der Hohen Warte erfreuen. Jeder freilich weiß auch, daß er nur so lange zu den Auserwählten zählt, als er ein Amt samt dazugehörigen Würden bekleidet. Hat man Rang, Titel und Einfluß verloren, gehört man nicht mehr zur erlesenen Schar der hier Geladenen.

Als nun, um auf unsere Geschichte zurückzukommen, Lorin Maazel 1984 die Wiener Staatsoper im Unfrieden verließ, wurde dessen Vorgänger Egon Seefehlner überraschend aus der Pension geholt und neuerlich zum Direktor bestellt. Prawys erste Reaktion, als er von Seefehlners Rückkehr erfuhr:
„Wieder eingeladen bei Landesmanns!"

Vor ein paar Jahren traf ich „Marcello" beim Gastspiel des Gershwin-Musicals „My One and Only" im Wiener Ronacher. Jedem von uns fiel auf, daß die vom Broadway nach Europa gesandten Sänger und Tänzer, wie so oft in solchen Fällen, nicht zur allerersten Garnitur zählten. Als ich Prawy bei der Premierenfeier fragte, wie es ihm gefallen hätte, sagte er: „Schau, es war wie ein Film mit Ginger Rogers und Fred Astaire. Nur ohne Ginger Rogers und Fred Astaire."

Senta Wengraf, seine Lebenspartnerin seit einem halben Jahrhundert, erklärt das Phänomen Prawy damit, daß die eine seiner beiden Hirnhälften so voll sei, daß sich in der anderen kein Platz mehr findet. „Er spricht sieben Sprachen, ist universell gebildet, aber im Alltag völlig hilflos. Sie können ihn im Sommer mit Pelzschuhen antreffen, und im Winter vergißt er, daß es kalt ist."
Wie wenig Beziehung er zu außermusikalischen Angelegenheiten hat, zeigt auch diese, in den fünfziger Jahren angesiedelte Geschichte: Eine größere Gruppe lauschte nach einer Vorstellung von „Porgy and Bess" im Restaurant „Falstaff" neben der Volksoper den wie immer geschliffenen Worten des „Opernführers", als ein bildhübsches Mädchen bei der Tür hereinkam und ratlos in die Runde blickte. Olive Moorefield stupste Prawy: „Schau, wie hübsch die ist."
Da drehte er sich um und erschrak: „Um Gottes willen, das ist meine neue Freundin. Ich hab' sie in der Oper vergessen!"

Wenn man Prawy fragt, wie lange er zur Vorbereitung einer Fernsehsendung oder einer Opernmatinee benötigt, pflegt er zu antworten: „Siebzig Jahre und zwei Stunden. Die siebzig Jahre hab' ich hinter mir. Jetzt kommen die zwei Stunden dran."

Jede Minute seiner Matineen ist präzise kalkuliert, nichts dem Zufall überlassen. Ich war einmal bei den Vorbereitungen zu einer Robert-Stolz-Matinee in der Staatsoper dabei. Prawy und Einzi Stolz besprachen die Themen: Da würde man ein bißchen über des Meisters Geburtsstadt Graz plaudern, hier ein paar Minuten über Wien, dort über die Jahre in Amerika. Plötzlich setzte die Witwe zu einer Geschichte an, die von einer Stolz-Tournee nach dem Krieg handelte. Sie holte so weit aus, daß sie der immer ungeduldiger werdende Prawy nach einer halben Stunde unterbrach.

„Wunderbar, Einzi, genauso wirst du es morgen in der Oper erzählen", sagte er.

„Aber statt einer halben Stunde gebe ich dir 45 Sekunden."

„Wieviel?" fragte die Witwe, der Verzweiflung nahe.

„45 Sekunden", wiederholte Prawy. „Und für jede Sekunde, die du überziehst, stoß' ich dich mit dem linken Fuß, daß der Tisch, hinter dem wir sitzen, wackelt."

Ich war dann in der Matinee. Einzi setzte zur Langversion an – und der Tisch wackelte, daß es eine Freude war. Nach zehn Minuten muß sie ein blaues Schienbein gehabt haben.

Krank zu sein, kommt für Prawy nicht in Frage, es ist viel zu viel zu tun. Da eine Sendung, dort an einem Buch schreiben und eine Matinee vorbereiten. Während eines „Aida"-Einführungsvortrags in St. Margarethen stürzte er so unglücklich, daß er an der Hüfte operiert werden mußte. Selbstverständlich arbeitete er sofort nach dem Erwachen aus der Narkose im Spital weiter. Ein paar Tage später bedankte er sich bei seinem Chirurgen Gottfried Sauer in Eisenstadt: „Sie waren so nett zu mir, Herr Primarius, daß ich zu sagen geneigt bin: ‚Ich freu' mich schon auf meinen nächsten Bruch!'"

Es ist wohl eine ganz ausgeprägte Form von Neugierde, der Prawy sein enormes Wissen verdankt, das weit über die Musikwelt hinausgeht. Und weil er nun einmal so neugierig ist, rief er nach der Operation vom Krankenbett aus eine befreundete Journalistin an, um sie zu fragen, ob sie schon seinen Nachruf geschrieben hätte.

„Ja", gab sie offen zu.

„Also", forderte Prawy sie – neugierig, wie er eben ist – auf, „dann zeig ihn mir!"

Wir wissen nicht, ob er seinen eigenen Nachruf lesen durfte – wollen aber noch sehr, sehr lange nicht erfahren, was drinnen steht.

Christoph Wagner-Trenkwitz

„Prawyssimo"

Allerhand zum 90er

Wie komm' ich aus dem Zimmer raus?

Es ist ein luxuriöses Zimmer, an Wiens feinster Adresse. Allerdings ist der Luxus großteils verhüllt durch Papier- und Plastikberge. Deren Inhaber, Verwalter und Vermehrer liegt entspannt auf seinem Doppelbett, zur Rechten einen Stapel teilweise geöffneter Post, in dem er ab und zu gedankenverloren herumraschelt, in ein Kuvert greift, Absender studiert ... zur Linken der Bettrand, und daneben muß ein Nachtkästchen stehen. Man sieht aber nur neue Berge, aus der halboffenen Lade ragen zwei dickbauchige Buchkalender, 2001 und 2002, zwischen deren Seiten zahllose Einladungen, Notizzettel, Eintritts- und Visitkarten stecken. Und, jämmerlich absturzgefährdet, balanciert ein Telefon über dem, was das Nachtkästchen sein müßte.

Das Telefon läutet. Ich schmiede einen Ausbruchsplan.

Warum will ich aus dem Zimmer raus? Weil ich schon seit eineinhalb Stunden hier bin und mein Kalender sagt, ich muß ... „Ich muß jetzt wirklich", beginne ich laut. „Setz dich", befiehlt er, und zuckersüß flötet er in den Hörer: „Ja, Liebste, bitte keine Telefonate mehr bis 15 Uhr 30. Danke, Liebste." Ich bin aus dem Stadium des „Liebsten" oder „Allergeliebtesten" aufgerückt in die Ehrenlegion der Angeherrschten. „Setz dich", tönt es nochmals, forscher, ich plumpse folgsam zurück in den Fauteuil, des Privilegs bewußt, von ihm aufgehalten zu werden. Einer, der von so vielen verfolgt wird, will mich hier behalten. Und das zieht er mit eiserner Beharrlichkeit durch. Sage ich: „Ich muß zu einem Termin", antwortet er: „Die können warten." Insistiere ich, dann meint er schnippisch: „Du bist arrogant geworden." Und während ich Luft hole, das zu verneinen, schlägt mich ein neues „Hör zu!" in seinen Bann.

Also bleiben? Warum nicht? Ich bin aus freien Stücken hergekommen, eine freundliche Stimme versuchte mürrisch zu sein, als sie mich hinaufbat: „Es sieht grauenhaft aus hier. Deiner würdig. Komm." Oben wurde mir gleich ein Platz anbefohlen, ein Netz von Geschichten, Betrachtungen und Pointen über mich ausgebreitet, das sich immer fester zuzog. Ich mag seine Geschichten, auch wenn ich viele davon schon kenne, und wenn ich alle zu kennen glaube, schnellt eine neue hervor.

Zu Beginn der 50er Jahre machte Marcel Prawy das weiße Dinnerjacket bühnenreif.

Der großzügige Herr versucht geizig zu sein, als er sagt: „Nimm dir eine Maroni. *Eine!* Und bring mir auch eine." Unbequem für mich, weise von ihm, die Maroni nicht neben dem Bett, sondern am anderen Ende des Raumes zu stapeln. Denn Maroni sind seine große Leidenschaft (aber das wissen Sie ja alle). Meine nicht, weshalb ich mir zu zwei Schokoladeröllchen helfe. Nur zwei.

„Warum ißt du nicht?" herrscht mich der Großzügige an und schafft es nicht, unfreundlich zu klingen. Ich antworte durch Schokoladeröllchen: „Marcel" – wir sind bei Marcel Prawy im „Sacher" auf Zimmer 4, aber das wissen Sie natürlich auch schon –, „ich habe unlängst ein Foto von dir gesehen, als du so alt warst wie ich jetzt. Du hast ausgesehen wie Gregory Peck, schlank und rank im weißen Dinnerjacket. Und davon bin ich viele Schokoladeröllchen entfernt."

„Die schlimmste Zeit"

Anfang Jänner 2002. Marcel Prawy hat „die schlimmste Zeit" überstanden, „schlimmer als fünf Matineen und drei TVs auf einmal": seinen 90. Geburtstag. Meine Frau fragte mich am 29. Dezember, dem Tag der Tage: „Hast du den Prawy schon angerufen und ihm gratuliert?" Ich verneinte. „Das ist mein Geburtstagsgeschenk." – „Was?" – „Daß ich ihn *nicht* anrufe." „Ich danke dir dafür. Es war eine Hölle von Telefonaten, Geschenkbergen, Besuchen und Glückwünschen." Deswegen hat er sich auch zu einem von ihm so genannten „Tiertag" – im Sinne von „lazy day" – entschlossen. Da thront er nun, und der gestreifte Pyjama kleidet ihn ebenso würdig wie das weiße Dinnerjacket, das er vor fast einem halben Jahrhundert bühnenreif gemacht hat. Die Mitbringsel der liebenden Meute haben das obligate Chaos in Prawys Sacher-Refugium vervielfacht; Plastiksackerln hatten die noble Wohnung im Cottage schon vor Jahren überwuchert und Prawy hierher getrieben, wo er sich schon immer zu Hause gefühlt hat – aber wohin wird er ausweichen, wenn das Ordnungssystem Sackerl seinem Erfinder auch hier den Lebensraum streitig macht?

Doch noch logiert der telegene Vagabund, der eine ganze Nation an seinen Umrundungen des Planeten Oper teilnehmen ließ, im „Sacher". Das Fest zum 125. Geburtstag des Nobelhotels im

September 2001 war denn auch der heimliche Auftakt zu Prawys „Selbstfeier" gewesen, die sich dann über Monate hinzog. Er fühlt sich wohl, wenn er *mit* seinem Publikum feiert, nicht aber, wenn sein Publikum *ihn* feiert. Er war in seinem Element, wenn er im Haus der Musik, im Radiokulturhaus oder im Karajan Centrum erzählen durfte; wenn ihm aber das Heft aus der Hand genommen, ihm gehuldigt wird, wenn er sich auf den Vorruhestandssessel des Gefeierten verbannt sieht, dann wird ihm mulmig. Zugegeben: Wer könnte Prawy besser feiern als Prawy selbst?

So sah er der großen Geburtstagsgala im ORF-Zentrum am 21. Dezember mit größtem Bangen entgegen. „Prawyssimo" sollte eine komplette Überraschung für ihn sein, die Zuspielungen und Geschenke, der Moderator und die Gäste sollten allesamt ohne Wissen und Zutun Prawys zusammengestellt werden. Ein beispielloser Alptraum für den aktivsten 90er des Landes. Auch wir bangten: Würde „Prawyssimo" den Superlativ als Mutter aller Prawy-Feste verdienen? Das Geburtstagskind in spe erging sich in düsteren Prognosen: „Am Anfang werden euch Bush und Clinton zusagen, aber am Tag davor habt ihr einen riesigen Stapel von Absagefaxen, den ihr bei der Show verlesen könnt." Ein kleiner Trost für das Vorbereitungsteam von „Prawyssimo": Die Überraschung wäre schon gelungen, wenn sich nur ein *kleiner Stapel* von Absagefaxen angehäuft hätte. Aber unser Ehrgeiz ging natürlich weiter.
Das Team: Die Kulturchefin Haide Tenner wünschte sich zu Recht ein Feuerwerk; der ideensprühende Archivchef und Opernfreunde-Präsident Peter Dusek bemühte sich um die Einladung der Gäste, deren Reise- und Aufenthaltskosten sein Verein auch finanzierte; Heidelinde Rudy, Redakteurin des ORF, behielt den Überblick und gestaltete die Zuspielungen mit Gefühl und viel Prawy-Erfahrung; Regisseur Anton Reitzenstein verfolgte mit aufrei(t)zender Gelassenheit die zahllosen Sitzungen und lief im Finale zu ungeahnter Agilität auf. Mein Part nannte sich „Drehbuchautor". Gewissermaßen feder-führend sollte ich also sein, aber die erwähnten Persönlichkeiten führten meine Feder kräftig mit.

„... wie eine Ihrer Stimmen"

„Als Klaus Maria Brandauer mir sein Konzept zur Inszenierung von Lehárs ‚Das Land des Lächelns' schildern wollte, sagte ich zu ihm: ‚Für Land des Lächelns brauchen Sie kein Konzept, sondern einen Tenor.' Das hat er mir übelgenommen. Trotzdem: Wenn dir ein Regisseur mit einem Konzept kommt, schick ihn heim."
Nicht eingedenk dieses Prawy-Bonmots machten wir ... ein Konzept, und es lag auf der Hand: 90 Jahre waren zu feiern, 90 Minuten Sendezeit standen zur Verfügung, also würde jedes Lebens-

Thomas Hampson singt einen Sinatra-Schlager, ...

jahrzehnt zehn Minuten erhalten, mit einer einleitenden Zuspielung, in der Marcel Prawy selbst das Thema vorgibt, einem Gast, einem Gespräch, einem Geschenk ... Jedenfalls sollte dieses so oft und so brillant erzählte Leben noch einmal vorgestellt und fallweise dargestellt werden – allerdings unter neuen Blickwinkeln, die sogar den Ehrengast selbst überraschen könnten.
O ja, ein Konzept ist leicht zu machen. Und wenn man bereit ist, es im Laufe der Arbeit mit ganz konzeptfremdem Leben zu füllen, es mehr und mehr zu vergessen, schließlich zu akzeptieren, daß keiner es bemerkt, dann war es ein gutes Konzept.
Ich hatte sogar ein heimliches Motto, das ich schließlich doch niemandem in den Mund legte, zu hochtrabend klingen Rainer Maria Rilkes auf Rodin gemünzte Worte. Aber sie lesen sich hübsch: „Es gibt ein paar große Namen, die in diesem Augenblick ausgesprochen, eine Freundschaft zwischen uns stiften würden, eine Wärme, eine Einigkeit, die es mit sich brächte, daß ich – nur scheinbar abgesondert – mitten unter Ihnen spräche: aus Ihnen heraus wie eine Ihrer Stimmen." Ja, so ein Name ist Marcel Prawy.

Der Abend des 21. Dezember 2001 war gekommen. Prominenz strömte auf die Publikumssitze und in die Künstlergarderoben des großen Sendestudios, das Geburtstagskind nahm, von merkbarer Skepsis und vorauseilender Erschöpfung gezeichnet („... nächtelang hab' ich nicht geschlafen wegen euch!"), hinter der Bühne Platz. Als er, geleitet von der Lebensfreundin Senta Wengraf und Moderator Bernd Weikl, durch die Schwingtüre trat, überwältigten ihn nicht nur standing ovations, sondern auch eine phantasievoll nachempfundene Prawy-Behausung als Dekoration: an den Wänden Bilder von Weggenossen und Plakate eigener Shows, eine Wagner-Büste, sogar eine Bronzebüste Jan Kiepuras hatte ich am Vortag noch angeschleppt (warum kam die eigentlich nie ins Bild?). Und natürlich: Sackerln, Sackerln, Sackerln ...
Daß die Sendung mit der „Rosenkavalier"-Fanfare beginnen mußte, darüber war man sich bald einig geworden. Hatte doch die Uraufführung des geliebten Meisterwerkes Prawys Geburtsjahr eingeleitet. Und am 29. Dezember 1911 stand ... – richtig! – „Der Rosenkavalier" auf dem Programm der Hofoper. Aber wie die Kindheit des heute 90jährigen erzählen, ohne über-90jährige zu bemühen? Es bedurfte der jungen Generation, um Jung-Prawys früheste Eindrücke zu illustrieren. Marcell Frydmann von Prawys erste Muse war das dicke Kinderfräulein Lina Kastenhuber, die ihm die Schlager des Tages vorzusingen pflegte; so auch das Lied „Die Mädis vom

Chantant“ aus Kálmáns „Csárdásfürstin“, das von Musical-Jungstar Ruth Brauer und dem aufstrebenden Opernbariton Adrian Eröd vorgetragen wurde, wozu der Jubilar von der Riesenleinwand die Einsätze gab. Keine „Mädis“ hatte das Piaristengymnasium aufzuweisen, in das der Bub 1921 eintrat – und aus dem er eineinhalb Jahre später mit miserablen Noten (Deutsch: Genügend, Geschichte: Nicht genügend!) entfernt wurde.

Zur Versöhnung mit seiner ersten Mittelschule (in der zweiten, dem Wasagymnasium, maturierte Prawy später mit Auszeichnung) marschierte der Mädchenchor der Piaristen im ORF-Studio auf und brachte ein Ständchen. Und nochmals Jugend: Dem Freund der Sänger und dem Anwalt der Schöpfer überbrachten stellvertretend Angelika Kirchschlager eine Silberrose und Madeleine Rohla-Strauss, Urenkelin des Komponisten, einen Rosen-*Strauß*.

Marta Eggerth, erste „Chefin“, Witwe des Lieblingstenors und Lebensretters Jan Kiepura, nicht zuletzt Star zahlloser Prawy-Shows, war natürlich eine Fixstarterin auch für „Prawyssimo“. Sie sang in gewohnt frappierender Frische und mit überwältigendem Charme ein Robert-Stolz-Lied in ihrer ungarischen Muttersprache und schloß auch eine dokumentarische Lücke. War nicht immer wieder von Papieren aus den 30er Jahren erzählt worden, die der damalige Sekretär noch immer nicht erledigt hatte? Hier waren sie, die Abrechnungen aus den 1930er Jahren: „50 Lire erhalten – M. Prawy“, „100 Zloty erhalten – Prawy“ ... „Und wo ist das Geld?“ fragte die Ex-Chefin mit gespielter Empörung. „Um das muß ich mir wohl Maroni gekauft haben“, murmelte reumütig der Sekretär.

Viele Stars, ein Esel und ein Hendl

Das Feuerwerk der Überraschungen schritt von Höhepunkt zu Höhepunkt: Julius Rudel, Dirigent von Prawys erster Musical-Produktion „Kiss me, Kate“, war als Gesprächsgast gekommen, ebenso Christa Ludwig und Otto Schenk. Thomas Hampson sang einen Sinatra-Schlager und bedankte sich nachher persönlich, daß er dabei sein „durfte“ – die ganz Großen erkennt man auch an ihrer Bescheidenheit. Bernd Weikl erinnerte mit Wagnerbariton an seine Musical-Vergangenheit – 1972 hatte Prawy den Wiener Debütanten für „Carousel“ an die Volksoper geholt – und beglich eine dreißig Jahre alte Schuld: „Diesen ‚Carousel’-Klavierauszug hast du mir geborgt, lieber Marcel, als du so alt warst wie ich heute!“ Uwe Kröger trug einen Song aus „Jekyll and Hyde“ vor, und der laut Prawy „letzte Schlager der Operngeschichte“ durfte nicht fehlen: Nancy Gustafson und Torsten Kerl sangen „Glück, das mir verblieb“, Prawys Lieblingsmelodie, die ja auch der ihm gewidmeten Ausstellung im Theatermuseum den Namen gibt.

... Udo, Marta, Bernd und Tom umringen den Jubilar, ...

Während sich Hit an Hit reihte, streifte ein vollkommen unbeschäftigter Drehbuchautor durch die Räumlichkeiten. Einmal beobachtete ich das enthusiastische Publikum von der Seite, dann die Dekoration von hinten, dann schlich meine Nervosität mit mir in den Regieraum, wo der angespannte Ton einer Kommandozentrale herrschte. Schließlich kam ich in einem der kargen Gänge des ORF-Zentrums zu einer unerwartet verantwortungsvollen Aufgabe. Eine junge Dame aus dem Produktionsbüro erkannte an meinem verquälten Gesichtsausdruck sofort meine Kompetenz und eröffnete mir: „Beim Empfang steht ein Mann mit einem Hendl. Er sagt, es gehört zur Prawy-Gala." Kurzes Nachgrübeln machte mich sicher, daß in meinem Drehbuch kein Wort von einem Hendlauftritt stand. Aber wer weiß? Vielleicht konnte das brave Tier ein musikalisches Kunststück vorführen, etwa die „Troubadour"-Stretta gackern? Hinein ins Studio, wo der Aufnahmeleiter im Schweiße seines Angesichts die Fäden hielt, die ich längst verloren hatte. Auf der Bühne begeisterte gerade eines der Highlights: Renate Holm führte unter Absingen der „Donkey Serenade" einen leibhaftigen Esel als Geburtstagsgeschenk vor. Da war der Esel, aber wohin mit dem Hendl? „Das Hendl kommt mir nicht auf Sendung!" zischte der Aufnahmeleiter, hielt mich kurz für verrückt und wandte sich wieder seiner Arbeit zu. Erst am nächsten Tage erfuhr ich, was es mit dem Federvieh auf sich hatte: Das Tier war vorsorglich gebraten und zum ORF geliefert worden, damit der Brathendl-Freak Prawy beim anschließenden Galadiner eine weitere Überraschung erleben sollte. Die Überraschung war aber ganz auf Seiten Peter Duseks (dem diese Menüerweiterung eingefallen war), als Prawy abwinkte: „Hendl ess' ich eh das ganze Jahr; gebt's mir was von der Ente."

Als sich Bernd Weikl zum Interview näherte, dachte Prawy augenscheinlich, das Ende der Veranstaltung sei gekommen. Dramaturgenlist! Denn zwei Trümpfe warteten noch hinter der Bühne. Udo Jürgens erschien, und der Apologet des Schlagers war geradezu aus dem Häuschen: „Nein! Udolein! Udochen!" jubilierte der Jubilar. Und die Wiener Philharmoniker bildeten mit der Überreichung des Ehrenringes an Prawy und der ihm gewidmeten Uraufführung eines flotten Geburtstagsmedleys den unüberbietbaren Höhepunkt der Show.

... eine Umarmung für „Udolein".

War sie wirklich so gut, wie wir danach erledigt waren? Marcel Prawy, nicht minder erschöpft, dankte uns so lange, bis wir daran glaubten, daß uns etwas seiner Würdiges gelungen war.

So kam ich aus dem Zimmer raus

Auch zwei Wochen danach ist Prawy noch voll des Lobes. Malerisch auf seinem Sacherbett ausgestreckt, schafft er gerade die Kurve von Udoleins Ständchen zu jenem des Romeo in Gounods Oper (nein, die allseits akklamierte Lichtshow in der Staatsopern-Neuproduktion habe ihm nicht gefallen, „ein Abklatsch von Udo Jürgens in der Stadthalle"). Ich beschließe, meinen Wintermantel anzuziehen, um meiner Terminnot optisch Nachdruck zu verleihen. In den warmen Stoff eingepackt, verliere ich zuhörends meine Empfänglichkeit für wunderbare Geschichten. Romeo hängt gerade mit der Stimme des unbekannten, aber unerreichten Tenors José Luccioni an einem Bühnenbalkon der 50er Jahre, und ich schnaufe. Zur Terminkommt die Atemnot. Da fällt mein Blick auf das unberührte Frühstückstablett des Zimmerherren. Alles hätte ich bei freundlichem Ersuchen davon haben können, Orangensaft (schon warm), Kaffee (schon kalt), Kipferl, Marmelade ... „Marcel, läßt du mich eine deiner Pflaumen essen?" Der Angesprochene läßt Romeo in der Luft hängen. „Was? Eine meiner Pflaumen? Das sind genau acht Pflaumen! *Osiem śliwek!* Das hab' ich von Kiepura, dient der Verdauung! Wohin wir auch reisten, er mußte überall seine *osiem śliwek* am Vormittag haben, auch im tiefsten Ohio hab' ich sie ihm besorgt ..."
„Na gut, muß ja nicht sein."
„Du kannst einen eigenen Teller Pflaumen haben, aber von meinen kriegst du keine."
Ich wollte ja gar keine Pflaume (außerdem heißt das bei mir „Zwetschke"). Aber diesem unerhörten Ansinnen folgt, wie ich es vermutet habe, mein Rausschmiß. Freundlich, aber bestimmt und mit jenen Worten, die Marcel Prawy ans Ende seiner Audienzen zu stellen pflegt. Sagt er: „Laß es dir gut gehen", dann weiß man, das war's.
Ich entwische, und bedauere schon auf der Schwelle, daß ich nicht noch ein bißchen geblieben bin ...

Eine Flaschenpost

Als ich durch die Sacher-Foyers dem Ausgang zusteuere, muß ich an meinen ersten großen Artikel über Marcel Prawy denken, der 1992 in der Zeitschrift „Parnass" erschienen ist. Er fand den Beifall des Meisters und wurde vier Jahre später – mit einigen Veränderungen – sei-

ner Autobiographie als Einleitung vorangestellt. Manches Zutreffende steht drinnen, das muß ich unbescheiden sagen, doch in einem bin ich „meinem Objekt“ nicht gerecht geworden.
Ich sah in Marcel Prawy damals bloß den begnadeten Entertainer (der er fraglos *auch* ist), den letzten Sproß des 1938 brutal gefällten Wunderbaums jüdischer Conférencierkunst. Die Züge von Fanatismus und Weltflucht, die seine Opernliebe kennzeichnen, machten mich hingegen skeptisch. Heute verstehe ich seinen *Glauben* – daß ich ihn nicht immer teile, liegt an den 50 Jahren der Prägung, die er mir voraus hat. Prawy hat die letzte Blüte der Oper als populäre Kunstform erlebt und in sich aufgesogen (er nennt das so schön sein „Rendezvous mit der Ewigkeit“). Seine Neugier nach neuen Werken weiß, daß sie nicht mehr befriedigt werden kann; seine Ehrfurcht vor den Meisterwerken der Vergangenheit aber gebietet ihm, die Neu-Gierde umwälzender Regiekonzepte mit dem Feuerschwert zu bekämpfen.
Nicht umsonst überschreibt er sein Bekenntnis zum Musiktheater, sein Lebens-Credo mit den Worten „Woran ich glaube“ – denn darin wohnt ein Fünkchen des unaussprechlichen Geheimnisses, das laut Umberto Eco „einen Philosophen zum Philosophieren treibt oder einen Schriftsteller zum Schreiben: Eine Flaschenpost zu hinterlassen, damit das, woran man geglaubt hat oder was man schön fand, auch von den Nachgeborenen geglaubt oder schön gefunden werden kann.“
Laß es dir auch gut gehen, Marcel.

„Nimm die Stimme von Birgit Nilsson, die Schauspielkunst von Paula Wessely und den Sex-Appeal von Marilyn Monroe – und du hast 50 % von der Jeritza.“ Maria Jeritza, nicht nur als Brünnhilde (rechts) ein Ereignis.

IDOLE

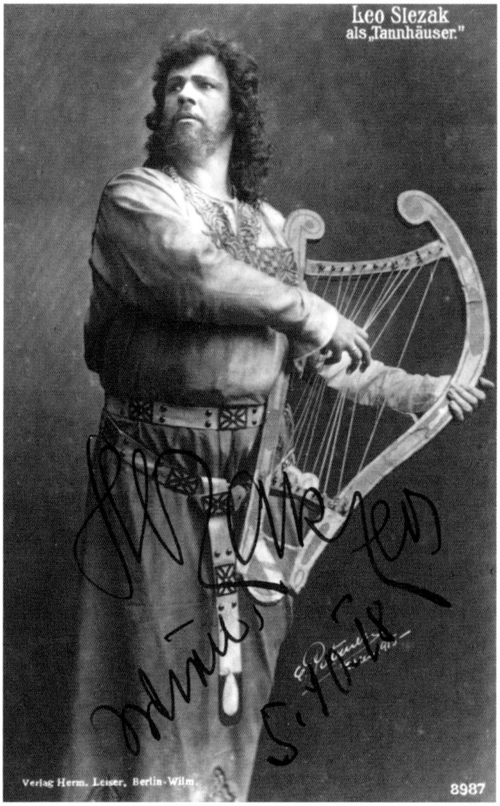

Lotte Lehmann und Jan Kiepura in Korngolds „Wunder der Heliane“ (oben), die Tenöre Leo Slezak (rechts oben) und Alfred Piccaver (rechts). Die Tante Betty Fischer in den Armen von Hubert Marischka bei Oscar Straus' „Der letzte Walzer“ (1921).

Oben links: Einer der raren Heurigenbesuche – mit Maria Jeritza anläßlich ihrer Rückkehr nach Wien als Tosca (1950).

Links: Nach dem Krieg wurden die Künstler zu Prawys Freunden und Bühnenkollegen. So die Gratulanten zu Karl Böhms 80. Geburtstag: Simionato, Ludwig, Prey und Freni.

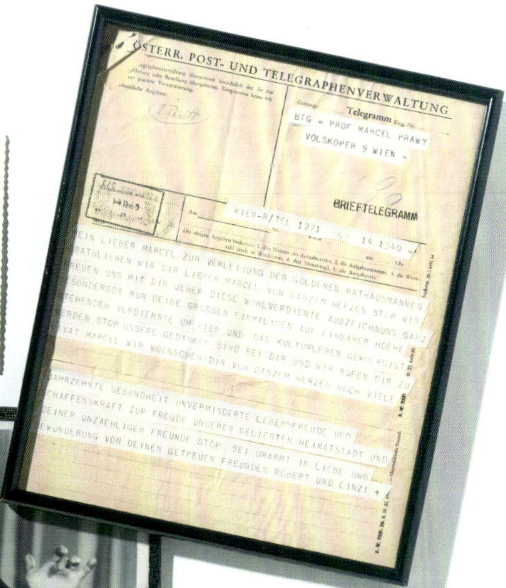

ÖSTERR. POST- UND TELEGRAPHENVERWALTUNG

Telegramm

BTG = PROF MARCEL PRAWY
VOLSKOPER 9 WIEN =

BRIEFTELEGRAMM

WIEN-R/TEL 1271 14 1340 =

EIN LIEBER MARCEL ZUR VERLEIHUNG DES GOLDENEN RATHAUSMANNES
RATULIEREN WIR DIR LIEBER MARCEL VON GANZEM HERZEN STOP WIR
REUEN UNS MIT DIR UEBER DIESE WOHLVERDIENTE AUSZEICHNUNG GANZ
ESONDERSDA NUN DEINE GROSSEN EINMALIGEN AUF EINSAMER HOEHE
TEHENDEN VERDIENSTE UM WIEN UND DAS KULTURLEBEN GEWUERDIGT
ERDEN STOP UNSERE GEDANKEN SIND BEI DIR UND WIR RUFEN DIR ZU
VAT MARCEL WIR WUENSCHEN DIR VON GANZEM HERZEN NOCH VIELE
AHRZEHNTE GESUNDHEIT UNVERMINDERTE LEBENSFREUDE UND
CHAFFENSKRAFT ZUR FREUDE UNSERER GELIEBTEN HEIMATSTADT UND
EINER UNZAEHLIGEN FREUNDE STOP SEI UMARMT IN LIEBE UND
EWUNDERUNG VON DEINEN GETREUEN FREUNDEN ROBERT UND EINZI +

Verehrung für die Schöpfer: Robert Stolz (links oben), Emmerich Kálmán (oben), Erich Wolfgang Korngold (links) und Oscar Straus (unten). Vom „Abgott" Richard Strauss existiert leider keine Widmung an Prawy.

„Mein alter Ego - doch jung" nannte Leonard Bernstein seinen Propagandisten aus Leidenschaft. Rechts lauscht er ihm, neben Peter Weiser und Gotthard Böhm.

„Prägende Eindrücke von verschiedenen Blickwinkeln"

Egon Seefehlner (†) im Gespräch

Egon Seefehlner, Staatsoperndirektor von 1976-1982 und von 1984-1986.

Während Marcel Prawy auf dem Stehplatz stand, saßen Sie in der väterlichen Loge in der Oper. Haben Sie einander damals schon kennengelernt?
Es stimmt, wir haben zur selben Zeit unsere prägenden Opern-eindrücke empfangen, aber von verschiedenen Blickwinkeln. Kennengelernt haben wir uns erst nach dem Krieg. Noch dazu war ich viel seltener in der Oper, da ich mich auch immer sehr für bildende Kunst und Theater interessiert habe. Wir haben auch etwa zur selben Zeit Jus studiert – ein Grund dafür, daß wir uns dabei nicht kennenlernten, war, daß die Juristen damals höchst selten auf der Uni waren, weil jeder für seine Prüfungen zu Hause gelernt hat.

Wer waren Ihre Stars?
Ich war ein Lehmann-Verehrer – wenn sie nur den Mund aufgemacht hat, sind mir die Tränen gekommen – und er ein Jeritza-Anhänger. Prawys Standpunkt ist etwa, daß er eine ganze wohlgeordnete „Tosca"-Vorstellung für ein mitreißendes Gebet, gesungen von der Jeritza, hergeben würde. Und wenn der Nil-Akt zusammenbricht, aber das hohe „C" von der Jeritza da ist, ist eine „Aida" in Ordnung.

Das kann nicht der Standpunkt eines Operndirektors sein.
Das war er aber jahrelang. Die großen Vorstellungen wurden in dieser Zeit immer von den Direktoren geleitet: Strauss, Schalk, Krauss, Weingartner.

Zur Claque haben Sie nie gehört?
Nein, das war von den Herren Schostal und Stieglitz blendend organisiert, und Prawy soll ja

sehr aktiv gewesen sein. Man konnte geradezu am Applaus hören, ob die Claque an jenem Abend gut, mittel oder gar nicht bezahlt war. Staatsoperndirektor Clemens Krauss hat bekanntlich versucht, die Claque abzuschaffen, und ich vermute, daß es daran liegt, daß Prawy bis heute nicht gut auf ihn zu sprechen ist. Krauss hat auch eine gewisse Einseitigkeit eingeführt, die Prawy nicht gefiel: So hat er etwa die „Meistersinger" einstudiert und in seiner gesamten Direktionszeit nicht mehr aus der Hand gegeben. Wenn ein neuer Sänger dazukam, wurde er wochenlang vom Oberspielleiter auf die Inszenierung dressiert. Dadurch gab es aber auch etwas, was heute nicht mehr existiert: einen Wiener Stil. Krauss hat nur einige unter sich geduldet: Krips, Egon Pollak, Robert Heger. Bis zur Zeit von Karajan hat ja kein bedeutender Dirigent „Tosca" oder „Troubadour" in die Hand genommen, die Sänger waren das Ereignis. Es gab auch kaum Neuinszenierungen: Die erste „Aida", die ich sah, war noch eine Regie aus der Mahler-Ära. Heute aber ist man entsetzt, wenn etwas nicht nach fünf Jahren erneuert wird.

„Eine wunderbar blecherne Höhe"

Paul Hausner (Stehplatz- und Studienkollege Marcel Prawys) erinnert sich

Marcel Prawy, damals noch Frydmann, war ein begeisterter und unerhört versierter Opernbesucher. Wenn er erzählt hat, sammelten sich damals schon um ihn aufmerksame Zuhörer. Er hatte auch Kontakte zu den Ausübenden und den Komponisten, war auch ständig beim Bühnentürl. Er hat die Fehler der Sänger erkannt und sie mitgeliebt. Wir haben zum Beispiel beide Richard Tauber verehrt. Einmal äußerte ich jedoch Vorbehalte, weil seine hohen Töne nicht besonders gut kamen. Da sagte Prawy: „Aber Tauber hat doch so eine wunderbar blecherne Höhe!" Genauso war es bei der Jeritza. Ihr hohes „Ges" im Gebet der Elisabeth war immer zu tief. Aber wenn das eine Kollegin absolut richtig sang, hat uns etwas gefehlt.

Unser näherer Kontakt begann erst auf der Universität, wo man auch verbilligte Stehplatzkarten bekommen hat. Dabei waren die Preise relativ hoch: Wenn die Jeritza gesungen hat, kostete der Stehplatz zu „besonderen Preisen" drei Schilling. Zum Vergleich: Ein Straßenbahnfahrschein kostete 32 Groschen.

Sein Jus-Studium hat Marcel Prawy mit links gemacht – was mich sehr verwunderte, da er doch am Stehplatz „gewohnt" hat. Die geistige Beweglichkeit und blendende Gescheitheit waren immer seine auffälligsten Charakterzüge. Auch körperlich war er sehr beweglich. Wenn ich mich an ihn erinnere, so sehe ich einen flatternden Mantel – er war ständig in Bewegung. Auch bei Egon Wellesz haben wir gemeinsam Vorlesungen gehört. Wellesz war ein von seinem Stoff ergriffener, äußerst intensiver Lehrer, das hat sicher auf Prawy abgefärbt; weniger wohl die abfällige Beurteilung von Puccini. So stand Wellesz auf dem Standpunkt, daß Puccini die musikalischen Errungenschaften der Impressionisten zu schnell popularisiert und damit die Entwicklung abgewürgt hat. Puccini saß ja in der Loge bei „Pelléas et Mélisande", hat die Neuerungen registriert und sofort unters Volk gebracht.
Die Musik von Egon Wellesz hat Prawy nicht so sehr geschätzt: Als die Oper „Die Bacchantinnen" an der Staatsoper aufgeführt wurde, hat ihr Prawy den Spitznamen „Die Nebochantinnen" gegeben – nicht aus Bosheit, mehr aus Freude am Bonmot. Prawy hat ein weites Herz. Er ist in dem Sinne Wagnerianer, als er Wagner *auch* heiß liebt.

Von der fortschreitenden Politisierung Ende der zwanziger, Anfang der dreißiger Jahre hat man in der Oper nichts bemerkt. Man hat die jüdischen Künstler wie Tauber und Schorr heiß verehrt, andererseits gab es großartige Sänger wie Wilhelm Rode oder Manowarda, denen ein Nahverhältnis zu den Nationalsozialisten nachgesagt wurde. Das hat uns nicht berührt. Die echte Politisierung hat erst im Jahre 1938 mit der Ausschaltung der jüdischen Künstler eingesetzt. Jan Kiepura, der auch plötzlich unerwünscht war, war ein Fall für sich – alle haben ihn verehrt, besonders natürlich die Frauen. In einer Konzertkritik über ihn stand einmal: „Es war weniger ein künstlerisches, als ein erotische Ereignis". Er war ein gutaussehender, drahtiger junger Mann mit einer erstaunlich biegsamen Stimme. Das schönste hohe „C" meines Lebens verdanke ich Kiepura als Rudolf – an einem Ostermontag. Die Geschichten von seiner ungeheuren Popularität, vom Singen auf dem Autodach, sind bekannt. Prawy erzählt ja gerne, was er im Bereich der Selbstvermarktung von Kiepura gelernt hat.

Unmittelbar nach dem Krieg, als Prawy amerikanischer Kulturoffizier war, hatten wir nur oberflächlich Kontakt. Man sah ihn meistens in Gesellschaft sehr schöner Frauen, worum ich ihn beneidete ...

„Das sympathische Gesicht"
Marta Eggerth-Kiepura erinnert sich

Knapp vor Weihnachten 1936 – es war kalt, als wir aus der Wiener Staatsoper kamen. Am Bühnentürl warteten Hunderte von Menschen auf Jan Kiepura – wie immer nach der Vorstellung –, darunter ein besonderer Enthusiast mit einem sehr sympathischen Gesicht, das uns sofort aufgefallen ist.

Am nächsten Tag, als wir im Hotel Imperial aus dem Fahrstuhl kamen, saß dasselbe sympathische Gesicht in der Halle, und es schien uns, als ob es auf uns wartete. Kurz davor hatten wir beschlossen, daß sich Jan einen Sekretär suchen wird. Er war allzu lange mit Sekretärinnen herumgereist, und da wir beide oft getrennte berufliche Wege gingen ... – also, das mit dem Sekretär war natürlich meine Idee!
„Ja", sagte Jan, „da ist er schon!"
Als Jan sich näherte, sprang das sympathische Gesicht auf, glühend vor Freude. „Herr Kammersänger, ich ..."
Aber Jan unterbrach ihn mit einer Frage: „Sprechen Sie Italienisch?"
Das sympathische Gesicht: „Ja, Herr Kammersänger!"
„Französisch?" – „Ja, Herr Kammersänger!"
„Englisch?" – „Ja, Herr Kammersänger!"
„Polnisch?" – „Nein, Herr Kammersänger, aber ich kann es in einer Woche lernen!"
„Lernen Sie! ... Ja, noch etwas: Was sind Sie von Beruf?"

Das Ehepaar Kiepura vor dem Hotel Patria in Krynica.

„Rechtsanwalt.“
„Großartig. Wollen Sie mein Sekretär sein?“
Das sympathische Gesicht, ungläubig, begeistert: „Jawohl, Herr Kammersänger!“

Wir saßen schon im Wagen und waren am Abfahren, da lief uns das sympathische Gesicht nach und rief: „Wo soll ich mich melden?“ – „Kommen Sie ins Hotel Patria nach Krynica!“ Das war das wunderschöne neue Hotel, das Jan Kiepura erbaut hatte.
„Übrigens, wie heißen Sie?“
„Marcell Frydmann von Prawy.“
„Das ist mir zu lang. Prawy genügt.“
Und dabei ist es auch geblieben.

Es waren hektische Jahre, und Prawyczku – wie wir ihn bald nannten – hat sich großartig bewährt und wurde unentbehrlich. Man sagt, daß heutzutage die Künstler so viel herumreisen; für uns war es schon damals so: Kammersänger Jan Kiepura und Prawyczku und Marta Eggerth in Paris, London, Rom, Mailand, Wien, Budapest, New York, Los Angeles, Mexiko City usw., usw. – Verhandlungen, Verträge, Telefonate, Telegramme ... Intendanten, Komponisten, Dirigenten, Kollegen – alles ging durch Prawys Hände, sein Job dauerte 24 Stunden.

Mein Jan hat immer gesagt: „Du wirst sehen, Prawy wird große Karriere machen. Er hat Talent, Wissen, Können, Phantasie und Fleiß.“ Und so ist es auch geschehen. Aber: Der Apfel fällt nicht weit vom Stamm. Prawys Vater, Richard Frydmann von Prawy, war ein wunderbarer Mensch, ein Herr von höchstem Intellekt und voller Güte. Jan und ich haben auch ihn ins Herz geschlossen – wie wäre er glücklich und stolz auf seinen Sohn Marcel.
Und wenn mein geliebter Jan jetzt hier wäre, würde er sagen: „Siehst du, Mamiczka, ich hab’s ja gewußt ...“

Jan Kiepura

Von der engen Bindung Prawys an Marta Eggerth und Jan Kiepura (oben) kündet die Widmung links: „Ich weiss, wenn Sie denken an Familie, Sie denken an uns".

Im Jahr seines Engagements zum Sekretär, 1936, erhielt Prawy eine Widmung in der Muttersprache des polnischen Tenors.

Jan Kiepura, nicht nur auf Bühne und Leinwand, sondern auch auf dem Autodach ein Star.

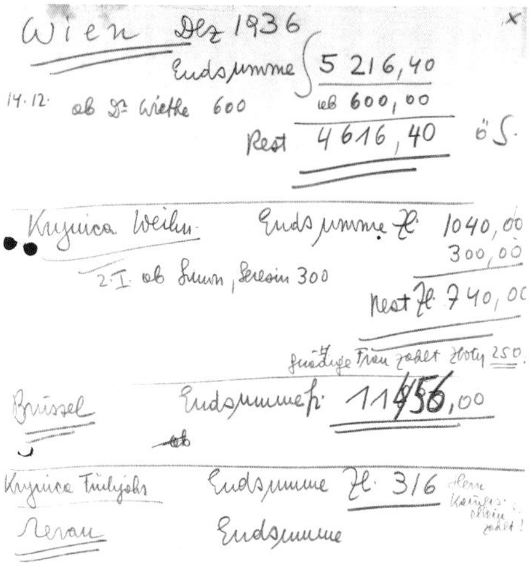

Wien Dez 1936
Endsumme 5 216,40
14.12. ab Dr. Wiethe 600 ab 600,00
Rest 4616,40 öS.

Krynica Weihn. Endsumme Zl. 1040,00
300,00
2.I. ab Lunn, Seresin 300
Rest Zl. 740,00
gnädige Frau zahlt Zloty 250.

Brüssel Endsumme fr. 11456,00
ab

Krynica Endsumme Zl. 316
Meran Endsumme

Rechts oben: Erste Abrechnungen des frischgebackenen Sekretärs, Ende 1936. Oben: Prawy, Eggerth und Kiepura in Meran 1937, rechts mit Marta und ihrer Mutter.

Bei Kiepuras Rückkehr nach Wien, 1954, wurde Sohn Marian zur Fiakerfahrt ausgeführt. Die Staatsoper war noch in Renovierung (ganz oben).

Das Mädchen-Basketballteam von Le Vésinet

Georg Kreisler im Gespräch

Soldat Kreisler in der Recreation Hall von Camp Ritchie.

Herr Kreisler, Sie kennen Marcel Prawy aus der Kriegszeit ...
Er war immer schon so, wie er heute ist. Ich habe unlängst im Fernsehen seine Robert-Stolz-Show gesehen – wir treffen einander ja nicht so oft persönlich – und kann nur sagen: Er hat immer so gesprochen, lebendig und voll von unerschöpflichem Wissen.
Eines der erstaunlichsten Dinge an ihm ist sein Gedächtnis. Als wir gemeinsam bei der US-Army waren, habe ich zur „Soldatenbetreuung", wie man das nannte, Shows geschrieben. Wenn wir uns heute, fünfzig Jahre danach, treffen, singt er mir meine Lieder vor, die er höchstens zwei- oder dreimal gehört hat.
Er ist immer ungeheuer geschickt darin gewesen, sich Leuten, die Einfluß haben, unentbehrlich zu machen. So war es auch bei einem Oberleutnant der US-Armee (er war Türke oder Grieche), der zu bestimmen hatte, wer an die Front ging. Er hieß Emile Jalouk und war ein Amateurtenor, mit ihm hat Prawy kleine Konzerte gegeben – und wurde dessen Adjutant.

Wann genau haben Sie Prawy kennengelernt?
Das war 1943, und zwar in dem amerikanischen Armeelager Camp Ritchie, Maryland, wo wir beide aufgrund unserer Deutschkenntnisse waren, bei der „Military Intelligence" – eigentlich ein Widerspruch in sich ...
In der „Recreation Hall" haben die Soldaten ihre Freizeit verbracht; es wurde meist Zeitung gelesen oder Karten gespielt. Auch ein Klavier stand in diesem Raum, an dem Prawy von Zeit

zu Zeit gesessen ist und – auf Englisch natürlich – erzählt hat, genau so wie heute beim „Opernführer“. Er erzählte über Verdi und Puccini und brachte dazu Beispiele mit genau den gleichen falschen Harmonien wie heute.
Für mich ist das Phantastische an Marcel Prawy, abgesehen von seinem wirklich phänomenalen Gedächtnis, daß er eigentlich nix kann ...

Das sagt er auch selber!
... aber mit diesem Nix-Können und seiner großen Intelligenz eine märchenhafte Karriere gemacht hat.

Wer war noch bei Ihrer Einheit in Camp Ritchie?
William Warfield war dort, der konnte sehr gut Deutsch und hat prachtvoll gesungen. Er hat sich in der „Recreation Hall“ oft selbst am Klavier begleitet. Außerdem erinnere ich mich an Hans Habe, der allerdings war Offizier. Bei den Kursen mußte man Stärke und Ausrüstung sämtlicher deutscher Divisionen auswendig wissen. Das war eine ziemliche Gedächtnisleistung, und der Beste darin war Henry Kissinger, der damals nicht älter als zwanzig gewesen sein konnte. Ein anderer Angehöriger unseres Regiments war Erich Pommer, der Sohn eines bekannten deutschen Filmproduzenten. Der junge Pommer hatte ein fotografisches Gedächtnis: Er hat sich einen Zugfahrplan einmal angesehen – und konnte ihn auswendig.

Und Marcel Prawy ist wohl das akustische Gegenstück dazu. Haben Sie sich enger angefreundet?
Nein. Ich hatte immer den Eindruck, daß er einem durch die Finger läuft, man konnte ihn nicht festnageln. Er wirkte schon damals so zerstreut wie heute – in Wirklichkeit ist er ja vollkommen konzentriert. Eigentlich erinnere ich mich nicht, daß er Freunde hatte. Man hat ihn auch nie mit Mädchen gesehen – uns Soldaten waren die Mädchen doch besonders wichtig –, er ist kaum ausgegangen.
Als wir nach England versetzt wurden, haben wir einander aus den Augen verloren. In meinem englischen Lager habe ich eine ziemlich große Show arrangiert, mit der ich eine Tournee durch verschiedene Kasernen gemacht habe. Als ich in Broadway – so hieß der Ort wirklich – vorbeikam, da traf ich Prawy wieder. Eines der Lieder, die er mir immer vorsingt, „Mami is a psychoanalyst“ war in dieser sehr erfolgreichen Show, die er höchstens zweimal gehört haben kann. Zwei Soldaten, als Kinder verkleidet, haben das gesungen: Walter Hasenclever war das Mädchen mit Schnurrbart, der Bub war Peter Beauvais.

Und die anderen Lieder, an die sich Prawy erinnert?
„Censored" war auch in dieser Show. „Grandma went out to join the WACs" habe ich später geschrieben und übrigens auch für General Eisenhower bei einer großen Party gespielt.

Das war also Georg Kreisler am – nein: in Broadway. Später sind Sie Prawy nochmals begegnet?
1944 in Frankreich. Wir waren in Le Vésinet, in einem Schloß (das heute ein Irrenhaus ist) nahe Paris, stationiert. Dort haben wir zusammen eine große Show gemacht, für die wir langbeinige Showgirls suchten. Ich wußte keinen Rat, aber Prawy hat das dortige Mädchen-Basketballteam aufgetrieben! Er hat auch ein Lied von mir am Klavier begleitet.

Hat er auch selber Songs geschrieben?
Nein, er hat immer nur die alten Sachen gemacht, also Szenen aus „Das Land des Lächelns" zum Beispiel, und dazwischen hat er über Lehár erzählt – genau wie heute!
Einmal ist er ziemlich lange im Spital gelegen – warum, weiß ich nicht mehr – und hat mich gebeten, auf sein Fahrrad aufzupassen. Er hat mich sogar dafür bezahlt, in Zigaretten! Das war die einzige Zeit in meinem Leben, in der ich Fahrrad gefahren bin.
Später hat sich Prawy dafür eingesetzt, daß ich zu einer Eliteeinheit nach Belgien versetzt werde. Dafür gab es eine immens schwere Prüfung, die ich nie bestanden hätte. Prawy redete mit dem prüfenden Offizier „ein Wörtchen". Statt über deutsche Divisionsstärken und Politik fragte mich der Offizier dann: „Können Sie mir etwas über Beethoven erzählen?" Prawy hat mir da einen großen Dienst erwiesen.

Hat sich diese Bekanntschaft nach dem Krieg fortgesetzt?
Wir haben einander nur fallweise gesehen. Ich erinnere mich an einen Abend in München. Man saß zusammen, und wir haben angefangen, uns über Robert Stolz lustig zu machen – natürlich nicht Prawy, der ist ganz böse geworden! „Robert Stolz ist ein Genie!" rief er und ging weg. Also, meiner Meinung nach war Robert Stolz kein Genie, aber macht nichts, man kann sich ja auch über Mozart lustig machen.

Die sogenannte U-Musik liegt ihm wirklich am Herzen.
Ich glaube, das liegt daran, daß er keinen Geschmack hat. Verstehen Sie mich nicht falsch, ich meine nicht, er hat einen *schlechten* Geschmack, sondern eben keinen.

„Ihr Pullover ist zu eng"

Olive Moorefield im Gespräch

Marcel Prawy war immer sehr stolz auf Sie und hat Sie sehr geschätzt, nehme ich an.
Wir zwei waren berühmt dafür, daß wir dauernd stritten. Wir mochten einander, liebten einander, aber wir konnten kaum miteinander auskommen, unsere Temperamente waren so verschieden. Wir stritten in der Oper: Eines Abends waren wir in einer wundervollen „Elektra"-Vorstellung. Ich wandte mich zu ihm, wollte etwas sagen, da sah ich ihn schluchzend und heulend neben mir sitzen – es war die „Erkennungsszene" und kaum war sie vorbei, war er wieder ganz der Alte. Das gibt es doch nicht, daß man immer bei genau denselben 32 Takten heult, das glaube ich ihm bis heute nicht.
Wir stritten auch bei den Proben: Ich wollte konzentriert probieren, und er unterbrach mich, gab Interviews, präsentierte mich Journalisten – das konnte ich nicht ertragen. Ich versuchte ihm immer wieder verständlich zu machen, daß es auch noch andere Sichtweisen auf Dinge gibt (als nur seine).

Wie haben Sie einander kennengelernt? Das berühmte Vorsingen im Speisesaal des Great Northern Hotel?
Ich war mitten in meiner Ausbildung an der Juillard-School und verdiente mir ein wenig

Olive Moorefield im Kosmos-Theater

Olive und Marcel bei der Filmpremiere von „Mohn ist auch eine Blume", 1966.

Geld in einer Broadway-Show; wer einmal dort hineingerochen hat, kann nicht mehr aufhören. Als die Show auslief, stand ich ohne Job da. Mein Manager sagte mir, ein Herr aus Österreich hält Vorsingen im Great Northern Hotel ab, weil er eine Besetzung für eine Tournee durch Österreich zusammenstellt. Eigentlich interessierte mich das nicht, denn um am Broadway Erfolg zu haben, muß man dranbleiben. Und zu dieser Zeit war eine Neuproduktion von „Carmen Jones" geplant. Schließlich ging ich aber doch. Da kam ein sehr energiegeladener, offener, freundlicher Herr auf mich zu, fragte mich nach meinem Namen, und das erste, was er zu mir sagte, war: „Ihr Pullover ist zu eng." Ich dachte, ich höre nicht recht! Er meinte wohl, mein Busen ist zu groß.

Schöne Frauen sind ihm immer aufgefallen ...

Ich glaube nicht einmal, daß ich damals besonders schön war: arbeitslos, recht verzweifelt; jedenfalls sang ich „Vissi d'arte" und in der Mitte steht Prawy auf und verläßt den Raum – da hörte ich auf zu singen, weil ich wütend war, er kehrte aber gleich zurück, bat mich weiterzusingen und verlangte mehr von mir: „Porgy and Bess" und so weiter – das war die längste Audition meines Lebens. Schließlich sagte er: „Sie haben den Job." Nach wenigen Tagen in Wien habe ich beschlossen, niemals einen Österreicher zu heiraten oder in die Nähe des Schwarzenbergplatzes zu ziehen, weil dieses Denkmal so häßlich ist – beides habe ich übrigens getan.

Aber die Shows im Kosmos haben Ihnen gefallen?

Das war sehr faszinierend. Alles, was amerikanische Musik war, wurde produziert. Spirituals, Volkslieder, Musicals. Alles, was wir machten, war sehr experimentell, manchmal ein bißchen amateurhaft. Wir haben alle zusammengearbeitet bei der Programmerstellung und gingen dann

damit auf Tour. Immer vor vollen Häusern – der Eintritt war frei, und die Leute waren sehr dankbar, weil sie so etwas noch nie zu hören bekommen hatten.
Mit dabei waren zum Beispiel Norman Foster, der später eine große Nummer in Hollywood wurde, und Keith Engen. Der hatte eine phantastische Stimme. Eines Tages waren wir mit Erich Korngold zum Essen, er bat Keith, ihm vorzusingen, und engagierte ihn sofort an die Münchner Staatsoper. Marcel Prawy hat nie versucht, Karrieren zu behindern, auch wenn ihm dadurch Talente abhanden kamen. Er war in dieser Hinsicht sehr großzügig.

Wie war seine Arbeitsweise?
Marcel hatte eine unglaubliche Konzentrationsfähigkeit, ich habe niemals jemand Vergleichbaren getroffen: Er hat die Materie studiert und dann auf der Bühne frei vorgetragen. Und er hat sich vom Publikum inspirieren lassen. Was immer er tat, er glaubte daran. Irgend jemand sagte mir einmal: „Marcel Prawy ist so ein Energiebündel, er wird noch einmal einen Herzinfarkt bekommen." Ich antwortete: „Sie irren sich. Alle, die mit ihm arbeiten, werden einen Herzinfarkt bekommen!"

Wie kann ein Nicht-Künstler auch Künstler faszinieren und ihnen etwas beibringen?
Mit seiner Leidenschaft, seiner absoluten Hingabe. Als er dann in die Direktion der Volksoper kam, entschloß er sich sofort, dort Musical zu machen und engagierte mich für „Kiss me, Kate". Ich war immer in seiner Nähe, so daß manche witzelten: „Prawy hat einen neuen Schatten".

Wie streitet man mit seinem eigenen Schatten?
Wir haben das geschafft. Wir wußten nie, wie ein Abendessen mit uns beiden ausgeht – mit Gelächter oder mit zerschlagenem Geschirr.

Prawy sagt, wegen seiner unbedingten Hingabe für die Musik konnten es auch Frauen nie lange bei ihm aushalten.
Da erzähle ich Ihnen eine schöne Geschichte. Eine größere Gruppe saß nach einer Vorstellung von „Porgy and Bess" im Restaurant Falstaff neben der Volksoper. Wir unterhielten uns angeregt über Belcanto, Marcel hielt einen seiner faszinierenden Vorträge, plötzlich kommt eine wunderschöne junge Frau herein und sieht sich ratlos im Restaurant um. Ich sage zu Marcel: „Schau mal, wie hübsch die ist." Er drehte sich um zu ihr und sagt: „Um Gottes willen, das ist meine neue Freundin. Ich habe sie in der Oper vergessen!"

Das Musical wurde in der Volksoper ja zuerst nicht sehr freundlich empfangen ...
An der Volksoper glaubte die Mehrheit überhaupt nicht an Marcel und seine Ideen. Die Musik, der Theaterstil, die Produktionsformen waren so neu, und unser Erfolg wurde von vielen beneidet und gehaßt. Das Musical-Team brachte amerikanische Präzision und Energie in die Volksoper, wir wurden von vielen schief angeschaut, wenn wir in der Früh eine halbe Stunde vor Probenbeginn auf der Bühne waren und uns aufwärmten. Mitten in einer Probe von „Wonderful Town" kam plötzlich der eiserne Vorhang herunter, weil die offizielle Probenzeit um war – das war lebensgefährlich! Wir wollten weitermachen, aber die Gewerkschaft erlaubte es nicht. Ich fragte mich, wie Marcel überhaupt die innere Kraft aufgebracht hat durchzuhalten, gegen all den Haß, der damals geherrscht hat. Zeitweise besaß er ja nicht einmal ein Büro im Haus, er hat in einer Loge seine Korrespondenz erledigt. Das Musical-Team hielt eisern zusammen – aber Marcel und ich stritten trotzdem ständig. Für den ersten Lauf von „Porgy and Bess" hatte er Otto Schenk die Regie und mir die Anita angeboten. Als Marcel von seiner Amerika-Reise zurückkam, sagte er zu uns: „Ich habe einen wundervollen Regisseur und eine wunderbare Anita in den USA gefunden!" – Er hatte einfach vergessen, daß Schenk und ich schon zugesagt hatten! Einige Zeit später, zur Zeit der Wiederaufnahme von „Porgy and Bess", sandte er mir eine wunderschöne Vase, mit der Bitte, daß er sich mit mir unterhalten möchte. Als wir dann zusammensaßen, fragte er mich, ob ich diesmal nicht die Anita machen wollte. Ich sagte: „Nein, ich habe einen anderen Vertrag!" – „Bist du sicher, daß du nicht Anita machen willst?" – „Ganz sicher." Da sagte Marcel: „Okay, dann gib mir meine Vase zurück." Natürlich habe ich sie ihm nicht zurückgegeben! So war er.
Wenn wir zum Essen im Restaurant waren, stand er immer wieder auf, um zu telefonieren; er war besessen von seiner Arbeit. So nahm ich mir immer Bücher mit, um mir die Zeit zu vertreiben, während er telefonierte. Als er eines Tages nach einem Telefonat zurück an den Tisch kam und mich lesend vorfand, hielt er mir einen langen Vortrag darüber, daß man bei Tisch nicht lesen soll. Ich hörte geduldig zu, und als das Essen kam, warf ich den Tisch um und ging. Ich liebte es, ihm Szenen zu machen! Wenn er mich einmal in der Oper vergessen hätte, wie diese Dame, die damals im Restaurant Falstaff stand, I raised hell – wie sagt man das?

„Ich hätte ihm die Hölle heiß gemacht!"
Er hat mich niemals irgendwo vergessen. Und vor allem: In wichtigen Momenten meines Lebens, in den sehr schweren und den sehr schönen, stand er zu mir, und war da für mich – und das ist es, glaube ich, was eine Freundschaft ausmacht.

Rückkehr

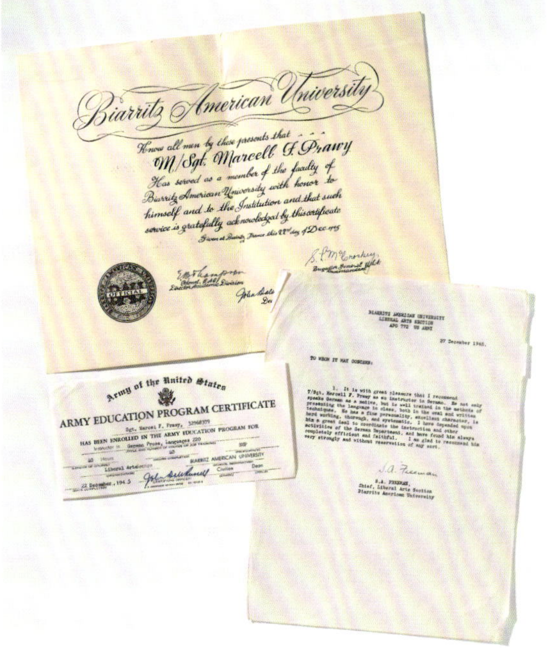

Mit Empfehlungsschreiben der Biarritz American University kehrte Master Sergeant Marcell F. Prawy 1946 in seine Heimatstadt zurück.

Als Deutschlehrer, Filmzensor und Schallplattenproduzent verbrachte Prawy die ersten Nachkriegsjahre in Wien. Es entstanden u. a. Aufnahmen mit Paul Schöffler, Hilde Zadek, Anton Dermota und Wilhelm Loibner (oben). Rechts: Prawy „umringt“ Oscar Straus, 1950.

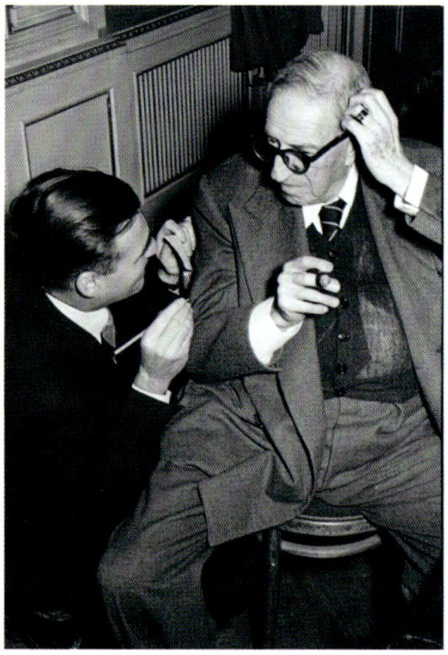

PROGRAMM
USIS
cosmos theater
WIEN 8. JOSEFSGASSE 12 B 473

„So singt Amerika": Ab 1952 gestaltete Prawy Musical-Shows im Kosmos-Theater, in anderen Wiener Etablissements ...

... und auf Reisen. Unter den Stars seiner Shows waren der Baß Emanuel List und die Prawy-Entdeckung Olive Moorefield (rechts oben).

„Jetzt bauen wir alle Schifferl!"

Gertrud Marboe im Gespräch

Auf diesem Foto stehen mein Mann und ich bei einer der Operneröffnungs-Vorstellungen neben Dmitri Schostakowitsch und Direktor Tschulaki von der Moskauer Oper. Wenig später ging an uns Marcel Prawy vorüber und pfiff eine Melodie aus der letzten Komposition von Schostakowitsch. Schostakowitsch hatte vorher erklärt, daß er kein einziges Autogramm gibt. In diesem Augenblick hat er sich umgedreht, den Prawy angeschaut und meinen Mann gefragt: „Wer ist das?" Mein Mann hat sofort ein entsprechendes Statement über den lieben Marcel Prawy abgegeben, und der war dann der einzige, der von Schostakowitsch ein Autogramm bekommen hat.

Wieso hat ihr Mann so genau gewußt, was aus Marcel Prawy wird?
Das kann ich nicht sagen. Ich weiß nur: Von der ersten Begegnung an – das war in einem Philharmonischen Konzert, wo Prawy sich uns selbst bekannt gemacht hat – hat mein Mann ihn eigentlich nicht mehr aus den Augen verloren.
Prawy hat uns ins Kosmos zu einer Musical-Show eingeladen, und dort haben wir dann beide mit ihm mehr gesprochen. Von diesem Augenblick an hat mein Mann – das geht aus seinen Tagebüchern hervor – sich ununterbrochen bemüht, Prawy in der Volksoper „einzubauen". Die Schwierigkeiten waren groß, mit Juch und mit dem lieben guten Salmhofer, der natürlich auch Angst gehabt hat, daß seine Musik zu kurz kommt. Das war ein ständiges Auf und Ab.

Die Leute hatten, glaube ich, nichts gegen die Person Prawy, sondern sie benützten die Ablehnung des Musicals, auch den Antisemitismus, um sich nicht irgendeinen Konkurrenten hineinsetzen zu lassen. Mein Mann war da sehr konsequent. Als es dann um „Kiss me, Kate" gegangen ist, hat Kralik sich in der Presse ganz massiv gegen das Musical und gegen Prawy geäußert. Da hat mein Mann nicht locker gelassen und mit Kralik wenig erfreuliche Auseinandersetzungen gehabt.

Ihr Mann war zuvor als Leiter des Bundespressedienstes für die „Austria Wochenschau" zuständig gewesen.
Mein Mann hat die österreichische Wochenschau geboren. Die Wochenschau war von den Alliierten anfangs vollkommen okkupiert. In unerhört mühseligen Verhandlungen hat er zuerst die Franzosen davon überzeugt, daß die Wochenschau in österreichische Hände zurückgegeben werden muß. Bei den Gesprächen war ich immer dabei, weil ich gut Französisch gesprochen habe. Mit dem Plazet der Franzosen ist mein Mann zu den Engländern gegangen, die auch relativ rasch zugesagt haben. Schließlich überzeugte er die Amerikaner. Die Russen waren der härteste Brocken, aber auch die vierte Besatzungsmacht konnte er überzeugen.

Damit hat er natürlich Prawy um seinen Job bei der amerikanischen Wochenschau gebracht. Haben Sie auch private Kontakte zu Marcel Prawy gehabt?
Prawy war öfter bei uns eingeladen, wenn wir Gäste hatten, das waren oft Leute, die er noch von früher gekannt hat. Da hat mein Mann immer gesagt, es kann sich jeder Gast eine Melodie wünschen, und Prawy wird sie spielen – was mich aufgeregt hat, weil ich mir dachte, Prawy wird eines Tages versagen, und das wird eine Blamage. Dann trat heilige Ruhe ein, alle sind um unser Klavier herumgestanden, und Prawy hat immer, wirklich immer einen hundertprozentigen Erfolg gehabt. Obwohl sich die Leute oft ganz ausgefallene Sachen gewünscht haben. Mir hat das Herz geklopft, weil ich gedacht habe: Prawy ist doch unser Gast, und mein Mann macht da mit ihm Experimente!

Was haben sich die Gäste zum Beispiel gewünscht?
Schlager, Operetten, Musicals, Opern, das Violinkonzert von Brahms, weil mein Mann das so gern gehabt hat. Einfach alles Mögliche.

Hat er auch erzählt und die Gesellschaft unterhalten?
Nein, er war in dieser Beziehung, zumindest die erste Zeit, eigentlich eher zurückhaltend.

Ein scheuer Mensch?
Ja, Prawy war immer ein bisserl nervös. Erst wenn er gemerkt hat, daß er viel Resonanz hat, ist er aufgetaut. Zu meinem Mann hat er einmal gesagt: „Wir beide haben etwas, was uns miteinander verbindet, das ist die Begeisterung – und die Fähigkeit zum Mitteilen dieser Begeisterung. Ich und viele von meinen Bekannten und Freunden würden, wenn der Marboe sagt: ‚Jetzt bauen wir alle Schifferl!' ohne Widerrede anfangen, Schifferl zu bauen."

Sind Sie miteinander gereist?
Wir waren im Frühjahr 1957 gemeinsam in New York bei Maria Jeritza eingeladen. Und Jeritza hat, was sie angeblich sonst nie getan hat, sich selbst am Klavier begleitet und ein paar Sachen gesungen. Auch Prawy hat ihr Stücke vorgeschlagen, sich gleich an den Flügel gesetzt und diese für sie gespielt.
Prawy hat uns in New York täglich irgendwo hingeschleppt, um uns Musicals vorzuführen. Er hat sich immer verfahren, und wir sind stundenlang im Kreis gefahren. Er hat sich dann selbst nicht mehr ausgekannt, er scheint ein sehr schlechtes Orientierungsvermögen zu haben. Auf der Rückfahrt von dem Besuch bei Maria Jeritza sind wir statt um Mitternacht halt um zwei Uhr früh nach Hause gekommen. Aber man konnte Marcel einfach nicht böse sein.

„Eine ererbte Freundschaft"
Peter Marboe im Gespräch

Sie haben Ihre Beziehung zu Marcel Prawy einmal als „ererbte Freundschaft" bezeichnet. Dieses Erbe mußten Sie sehr früh antreten: Als Ihr Vater Ernst Marboe starb, waren Sie fünfzehn Jahre alt.
Es war das traumatische Erlebnis dieser Jahre, als von einer Minute auf die andere der 48jährige Vater tot war. Unser Leben änderte sich völlig.
Es war ein Samstag, in der Früh hatten wir Buben uns noch von ihm verabschiedet und sind in die Schule gegangen. In der ersten Stunde sind wir aus der Klasse gerufen worden. Ich erinnere mich noch, als ich den Direktor fragte: „Was gibt's, war mein Bruder schlimm?" Er antwortete: „Es gibt Schlimmeres ..." – und erzählte uns, was passiert war. Man kann nicht

beschreiben, was das in einem auslöst. Ich habe mich auf den Boden hingekniet und gesagt: „Lieber Gott, laß 1. April sein, damit das ein Scherz ist ...“

... wobei „1. April“ für das Werk Ihres Vaters auch ein besonderes Apropos ist. Mit dem Namen Marboe verbindet man heute den Stadtrat, vielleicht noch Ihren älteren Bruder Ernst Wolfram, den ehemaligen Fernsehintendanten; Ministerialrat Ing. Ernst Marboe, ab 1946 Leiter des Bundespressedienstes und von 1953 bis zu seinem frühen Tode im Jahre 1957 Leiter der Bundestheaterverwaltung, ist wohl weniger Menschen bekannt, obwohl er einer der Baumeister von Nachkriegsösterreich war.

Mein Vater war ein intensiver, visionärer, die Menschen mitreißender, künstlerisch sensibler Mensch, und hat auch versucht, in seine Söhne viel davon hineinzulegen. Er war Österreich so verpflichtet, daß er gleich nach dem Krieg begann, das „Österreich-Buch“ zu schreiben, um zu dokumentieren, daß dieses Land eine Geschichte *und* eine Zukunft hat. Es war 30 Jahre lang eines der fundiertesten Bücher über unser Land, das in mehreren Auflagen erschien und in verschiedene Sprachen übersetzt wurde. Heute noch schwärmen Leute davon und fragen mich, wo man es kaufen kann – leider nur mehr in Antiquariaten.

Gleich nach dem Buch entwickelte er die Vision des Österreich-Films. Er wählte die Form einer Realsatire, um die Alliierten nicht zu brüskieren, und den Titel „1. April 2000“. Die Dreharbeiten haben wir Kinder intensiv miterlebt, weil wir kleine Statistenrollen hatten. Es war wahnsinnig aufregend, mit Hans Moser, Judith Holzmeister, Josef Meinrad, Hilde Krahl und anderen auf dem Set zu stehen.

Um die Arbeit zu dokumentieren, hat mein Vater nach Abschluß der Filmaufnahmen das Buch „Yes – Oui – O.K. – Njet“ geschrieben, das ihm ein Einreiseverbot in die sowjetische Zone bis zum Ende der Besatzungszeit eingebracht hat. Der Film selbst wurde von den Alliierten wohlwollend zur Kenntnis genommen, meines Wissens waren die Vertreter aller vier Mächte 1952 bei der Premiere im Apollo-Kino.

Und dann kamen seine Jahre bei den Bundestheatern. Einer der Höhepunkte war natürlich die Wiedereröffnung der Staatsoper im November 1955, die wir Buben auf dem Stehplatz erlebt haben. Mein Vater hatte ja durchgesetzt, daß vom Bundespräsidenten abwärts jedermann seine Karte kaufen mußte – natürlich machte er da auch bei seinen Söhnen keine Ausnahme.

Meine Bereitschaft, Oper und Theater als Teil der eigenen Wirklichkeit zu empfinden und nicht bloß als reine Freizeitgestaltung, ist damals dank meinen Eltern entstanden. Damals gab es noch kein Fernsehen; also ging man abends ins Konzert, ins Theater, in die Oper ...

... und ab 1956 ins Musical! Wann ist Marcel Prawy erstmals in Ihr Leben getreten?
Eine interessante Frage. Ich hatte das Gefühl, er war immer da, wie ein Familienmitglied, das ja auch nicht zu einem bestimmten Termin ins Leben tritt. Immer wieder habe ich seinen Namen gehört. Der Vater sagte: „Da muß ich den Prawy fragen", die Mutter sagte: „Da ist ein Brief von Prawy aus Newark, er wohnt wieder bei der Jeritza."
Durch ihn wurde die „große Welt" in die Familie gebracht: Amerika, Jeritza, Broadway, Musical – das war für uns Kinder eine neue, aufregende Welt. Prawy war Teil einer familiären Freundesrunde, in der es immer um Interessantes ging. Ich erinnere mich auch sehr bewußt an die Debatten um das Musical, beim Mittagessen, auf Spaziergängen – wir Kinder verstanden, daß es sich um etwas sehr Grundsätzliches handeln mußte.

So kann man es auch den Tagebüchern Ihres Vaters entnehmen, wo sich auch der recht radikal wirkende Ausdruck, in der Volksoper müsse „eine Drehung durchgeführt werden", findet. Was sagt ein heutiger Kulturpolitiker zu dem Mut eines damaligen Kulturmanagers, eine so fundamental neue Idee durchzusetzen? Marboe hatte die Vision und hat sich zu ihrer Verwirklichung die fachlich besten Leute gesucht, allen voran Marcel Prawy.
Auch heute ist es in der Kulturpolitik wichtig, den schwierigen Brückenschlag zwischen Tradition und Innovation immer wieder zu versuchen. Es war allerdings ein sehr kühnes und riskantes Projekt, eine neue Musikform in ein Theater mit völlig anderem Selbstverständnis hineinzubringen. Das Projekt hat dann eine ganz natürliche Weiterentwicklung genommen, und heute schmunzelt man eher angesichts der damaligen Debatten. Damals aber war es ein ernstes Thema: der Umgang mit den Abonnenten – es ging ja bis hin zu Streikdrohungen –, die Auswahl des ersten Stückes, die Auswahl der Künstler – also ob man Musical nur mit Gästen besetzen oder die heimische Künstlerszene integrieren sollte, was letztlich geschah.
Das war es, was Prawy und Ernst Marboe verbunden hat: Sie waren zutiefst überzeugt, daß der Zeitpunkt, in Österreich das Musical einzuführen, richtig war.

Es heißt, sicherlich zu Recht, daß Prawy das Musical nach Wien gebracht hat. Er selbst erinnert aber immer daran, daß der Entdecker Prawy selbst entdeckt wurde, nämlich von Ernst Marboe im Kosmos-Theater. Haben Sie auch seine dortigen Musical-Abende besucht?
Ich erinnere mich gut. Dort hat alles angefangen. Mit spärlichsten Dekorationen, wie zum Beispiel einer großen Landkarte, hat Prawy uns dort unwiderstehlich und leidenschaftlich das Musical nähergebracht. Das war ein Eindruck von der „großen Welt", die ich vorhin erwähnt habe. Man fühlte sich plötzlich dem Mississippi und dem Broadway ganz nahe. Diese Kosmos-

Shows von Marcel Prawy waren ganz wichtig als geistige Vorbereitung auf das Kommende. Das fremd-faszinierende Amerika wurde plötzlich vertraut ... und nicht weniger faszinierend! Als ich eineinhalb Jahrzehnte später nach New York kam, traf ich viele der Leute, von denen ich durch Prawy erstmalig erfahren habe. Ich ging mit Maria Jeritza, Jarmila Novotna und Ljuba Welitsch in die Oper, traf Brenda Lewis – Wiens erste „Kate" – wieder, und Marta Eggerth sang im Kulturinstitut ... irgendwie war Marcel da immer präsent, auch wenn er nicht anwesend war. Die Welt der Kindheit, des Zuhörens und der Träume wurde plötzlich eine reale Welt, in die ich eintreten durfte.
Natürlich kam Prawy, der ja einer der treuesten Menschen überhaupt ist, auch zum Begräbnis der Jeritza nach New York. Sie wurde in der St. Patrick's Kathedrale aufgebahrt, und wir sind nebeneinander vor ihrem Sarg gekniet.

Wie war Prawy in Ihren Jahren am Österreichischen Kulturinstitut in New York präsent?
Er kam immer wieder nach New York auf der Suche nach Neuem, hielt Vorträge, zum Beispiel in der Metropolitan Opera Guild, und dann trafen wir einander. Ich habe ihn, nachdem er mir die Welt näher gebracht hat, dann selbst in verschiedenen Welten erlebt und kann sagen, er ist in New York oder Miami ebenso zu Hause wie hier. Aber er ist ein Wiener, und ich bin sehr froh, daß ihm unsere Stadt die höchste Auszeichnung, den „Bürger der Stadt Wien", verliehen hat.

Ist es übertrieben zu sagen, daß Marcel Prawy Ihr Weltbild mitbestimmt hat?
Das ist sicher nicht übertrieben. Mein Vater hatte ein Lieblingszitat aus dem Torquato Tasso: „Wer nicht die Welt in seinen Freunden sieht, verdient nicht, daß die Welt von ihm erfahre." In der New York Times hat Prawy vom Tod meines Vaters gelesen, nahm das nächste Flugzeug und kam nach Wien, um dem Begräbnis beizuwohnen. Und wie er ab dann mit dieser Freundschaft, die für uns wie gesagt *eine ererbte* war, umgegangen ist, wie konsequent er das Andenken an Ernst Marboe bewahrt, das hat den Begriff der Freundschaft für mich geprägt.

Ist Prawy für Sie vor allem ein charmanter „Weitergeber" von altem Kulturgut oder auch ein aktiver Kulturfaktor? Sein Standpunkt, daß Musical mit Mikrophonverstärkung ins Theater an der Wien gehört, überrascht ja nur jene, die den alten Herrn für einen Konservativen halten.
Sein Image als freundlicher Geschichtenerzähler, der niemandem „wehtut", ist sicher nur teilweise zutreffend, vielleicht von ihm selbst vorgeschützt. Er vertritt ganz konsequent Standpunkte, was die Kulturpflege betrifft – Stichwort „Regietheater" –, die man nicht übergehen kann. Wenn Peter Zadek bei der „Nestroy"-Verleihung 2001 sagte, er ist überzeugt, daß mehr

die Schauspieler und nicht der Regisseur, mehr die Sprache und nicht das Drumherum im Vordergrund stehen müssen, dann deckt sich das ziemlich mit dem, was Prawy auf seine Art zum Musiktheater meint. Prawy scheut die Auseinandersetzung in seinen reifen Jahren weniger denn je. Er ist nicht nur ein liebevoller Schöngeist, sondern auch ein kritischer Geist.
Mit seinen Lesungen von Wagner-Texten hat er nicht nur mir ganz neue Zugänge ermöglicht. Wer da zuhört, muß fasziniert sein. Seine hingebungsvolle Bemühung, Liebe weiterzugeben, ist sicher mit der Sorge verbunden, daß für kommende Generationen Oper, Operette oder Musical nicht mehr die zentrale Rolle spielen könnten. Die größte Freude, die man ihm zum Neunziger machen kann, ist wohl, ihm zu versichern, daß auch dank ihm diese Liebe nicht ausstirbt, daß die Sehnsucht nach dem Erleben von Musik steigt. Bei Raimund heißt es: „Begeist'rung ist's, die alles Edle schnell gebiert." Marcel Prawy ist ein Begeisterter, und er hat Edles und Großes geschaffen. Und wenn Nietzsche schrieb, daß „ein Leben ohne Musik ein Irrtum" sei, dann sollten wir dankbar sein, daß Marcel Prawy sein Leben lang unermüdlich gegen diesen Irrtum gekämpft hat.

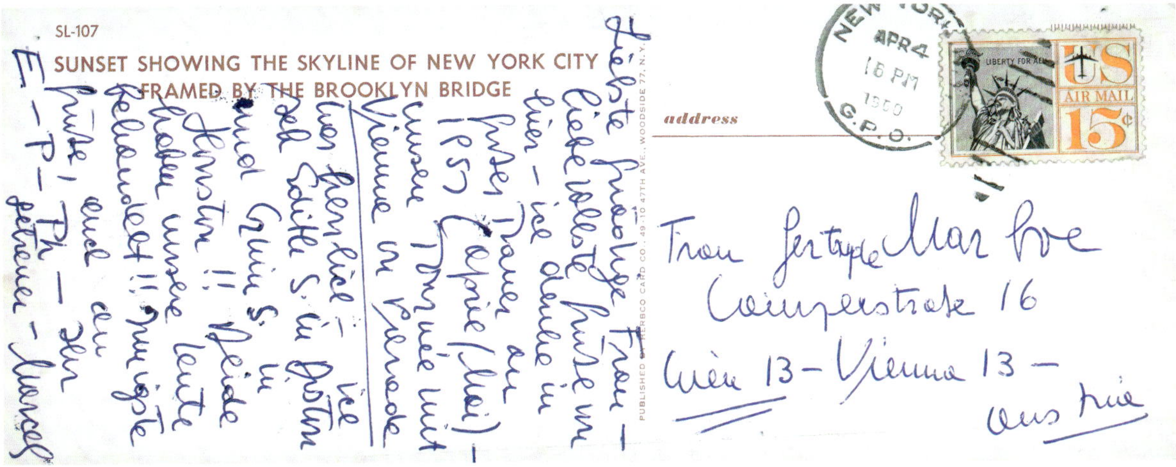

Ernst Marboe, der Entdecker und Mentor Marcel Prawys, holte ihn 1955 an die Volksoper. Im Frühjahr 1957 reisten sie gemeinsam in die USA (das Bild auf der linken Seite zeigt die Abfahrt vom Wiener Westbahnhof. Von rechts nach links: Ernst, Peter, Ernst Wolfram Marboe und der „Reiseleiter"). Im September desselben Jahres verstarb Ernst Marboe, Prawys Freundschaft zur Witwe Gertrud und den drei Söhnen Ernst Wolfram, Peter und Philipp blieb bestehen.
Oben die beiden Seiten einer Ansichtskarte, die Prawy 1960 nach Wien sandte.

„Noch nie hat es so viele Autos um die Volksoper gegeben"

Aus den Tagebüchern von Ernst Marboe (1909 – 1957)

In den Fußnoten werden die wichtigsten Namen kurz und ohne jeden Anspruch auf biographische Vollständigkeit erklärt sowie einige wichtige, den Tagebüchern beiliegende Dokumente zitiert. Ergänzungen sind in eckige Klammern gesetzt. Unterstreichungen entsprechen dem Original.

1954

23. Oktober

(...) Anschließend mit Dr. Prawy. Rundfunkübertragung von Kiss me Kate, das ist die musikalische Bearbeitung von Shakespeares „Der Widerspenstigen Zähmung". Dann im Josefssaal[1] eine Prawy-Zusammenstellung von amerikanischen Songs und Operette.

6. November

Enquete Volksoper. Die Teilnehmer alle erschienen, lange Diskussion, Ergebnis laut Communiqué[2] war genau das Gewünschte, nämlich Spieloper – Operette – Musical.

8. Dezember (Feiertag)

Von Dr. Prawy durch mehr als zwei Stunden Vorspielen der Musik zu Madame Pompadour und konkreter Durchführungs- und Bearbeitungsvorschlag erarbeitet.

11. Dezember

Unterredung mit Lustig-Prean[3], der Juch[4] als völlig unfähig bezeichnet und in Richtung Prawy ermutigt.

19. Dezember

Längere Aussprache mit Dir. Juch. Er ist in der Angelegenheit Prawy ausgesprochen spießig und erkennt die Notwendigkeit noch immer nicht, daß wir in der Volksoper eine Drehung durchführen müssen.

21. Dezember
Neuerlich längere Unterredung mit Juch. Ich mache ihm klar, daß wir ungefähr 1/4 oder 1/3 des Repertoires modern drehen müssen, also Musicals, moderne Operette, Tanzoperette etc. Er will noch immer nicht verstehen, daß es notwendig ist. Sein Theater ist derzeit langweilig. Aber er ist verbohrt und pocht auf Vergangenes. Prawy lehnt er nach wie vor ab. Sollen wir uns eine Konkurrenz im Raimundtheater aufziehen lassen, nur weil Juch auf Prestige reitet?

1955

20. Jänner
Prawy teilt mit, daß Hans Busch[5] möglicherweise „Kiss me Kate“ im Raimundtheater machen wird. In den letzten Wochen hat das Raimundtheater durchschnittlich 26.500 S pro Tag eingespielt, bei etwas über 1000 Plätzen, die Volksoper im gleichen Zeitraum durchschnittlich 22.500 S bei über 1700 Plätzen.

24. Jänner
Am Abend im Raimundtheater bei Zarewitsch mit Jan Kiepura und Marta Eggerth. Es ist ja doch ein Wachsfigurenkabinett, wenngleich die beiden noch erstaunlich gut sind.

19. Februar
Am Abend im Kosmostheater, wo Prawy eine Show von Musicals entwickelt. Die Moorefield[6] sehr nett. Viel Stimmung.

11. März
Unterredung mit Juch und Prawy. Endlich habe ich die beiden zusammengebracht. Prawy wird beauftragt, in den USA ein geeignetes Musical zu finden. Er wird die Bearbeitung übernehmen und wahrscheinlich ab Herbst bei uns für Publikumswerbung, Presse, Publizität etc. eintreten.

5. Mai

Juchs wahrscheinlicher Abgang nach Düsseldorf, Duisburg steht heute in allen Zeitungen. Ich verhandle mit Salmhofer[7] wegen Übernahme der Direktion ab 1. September. Wir sind uns vom ersten Augenblick an klar, Oper aus der Volksoper weg, Operette, moderne Stücke, interessantes Theater.

21. Mai

Mit Salmhofer längeres Gespräch. Er nimmt VO-Direktion an, Bedingung allein und ohne Reif[8], jedoch schlägt er von sich aus Prawy vor.

24. Mai

Angelegenheit Salmhofer wird von der Weltpresse gebracht. Minister mit Ernennung einverstanden. Wir geben Nachmittag ein Rundfunkinterview[9] und eine Apa-Meldung durch.

17. September

Nm. Mit Salmhofer und Prawy später das Musical Finians Rainbow durchgetestet. Es ist ein Zaubermärchen von einem Mann, der Gold vergräbt, dadurch Glück stiftet, am Ende war es kein Gold, das Glück blieb. Musikalisch sehr ansprechend. Wir wollen es nun bis Jänner durchziehen. (...) Vielleicht wird man zwei Saisonen einführen müssen. Eine Oper und klassische Operette und eine leichtere Operette und Musicals, sozusagen zwei Theater in einem.

27. September

Mit Prawy Volksopernprobleme [besprochen]. Als erstes muß er mir „Finians Rainbow" nunmehr auf die Beine stellen. Als zweites etwa für den Mai „The Wonderful Town", als drittes für den Herbst von Rogers und Hammerstein „Karussell", das ist der Liliomstoff. Unabhängig davon muß man junge, sympathische Kräfte an das Haus binden und mit einer Publikumsorganisation beginnen. Ich muß aber Prawy umgekehrt vor die Alternative stellen, sich in bestimmten materiellen Grenzen zu bescheiden und sich für bestimmte Aufgaben zu entscheiden. Wir können übergangsmäßig seine Betätigung im Radio und im Kosmos-Theater mitnehmen, à la longue aber nur im Wege einer zeitlichen Beurlaubung.

1956

11. Jänner

In Volksoper Probe von Kiss me Kate. Der Dirigent [Julius] Rudel und der Regisseur [Heinz] Rosen machen einen netten Eindruck. Die Probenatmosphäre ist gut und es scheint, als ob ein frischer, jugendlicher Zug in die Volksoper gekommen wäre. Wollen wir hoffen, daß es so bleibt. Es kommen einige Arbeiter zu mir und sagen: Das ist etwas, wovon wir glauben, daß es dem Haus gut tut.

18. Jänner

Neuerlich bei Probe Volksoper „Kiss me Kate". Salmhofer – Prawy reiben sich. Salmhofer steht noch ganz unter dem Einfluß von Paulik[10]. Das geht nicht. Statt ... bitte ich ihn, „The King and I" zu überlegen.

9. Februar

Nachmittag bei erster Orchesterprobe „Kiss me Kate". In der Volksoper mangelt es stark an Disziplin und Organisation. Prawy hat den Produktionsapparat zweifellos nicht in der Hand. Salmhofer vertritt eine rückschauende Linie und ist im Augenblick stark von dem Tenor Pichler sowie von Preger[11] u. dgl., vielleicht auch von Paulik beeinflußt.

13. Februar

Generalprobe von Kiss me Kate. Im Großen gut, der 2. Teil zu lang. Ich verlange nachher sofort Kürzung um mindestens 20 Minuten.

14. Februar

Am Abend Premiere „Kiss me Kate". Großes Haus, blendende Stimmung. Ganz wenig Mißvergnügte. Frau Heilingsetzer[12] findet Shakespeare beleidigt. Rott[13] ist innerlich böse. Hoesslin[14] sagt nachher, Rott kann es nicht ertragen, daß ein anderer Erfolg hat oder daß er nicht recht hat. Seine Vorhersage, daß das Musical ein Durchfall wird, weil er einmal in Berlin einen Durchfall mit Oklahoma erlebt hat, ist zum Glück nicht eingetroffen.
Nach Premiere mit Prawy, Brenda Lewis, Moorefield, Dilworth[15], Hoesslin, im Falstaff vis-à-vis von der Volksoper. Die Menschen sind untereinander beleidigt. Die Brenda Lewis ist in Pennsylvania geboren, beide Eltern russisch. Dies erklärt ihr fulminantes Sprachtalent. Ich verdanke

meiner kleinen Frau den Tip, hinzugehen. Ich selbst wollte nach Hause. Aber es war notwendig, dieses Team zu ermutigen.

16. Februar

Die Morgenzeitungen über Kiss me Kate überwiegend ausgezeichnet. Tschulik in der Wiener Zeitung etwas orthodox, Ulrich im Neuen Österreich etwas zurückhaltend, Arbeiterzeitung blamiert sich selbst, denn vor wenigen Tagen schrieb dort ... Mich wird Käthchen nicht küssen, und heute sagt Hubalek, er läßt sich von Käthchen küssen.
Unterredung mit Salmhofer, Rott, Prawy, Hoesslin. Rott sieht seine klassische Operette durch das Musical gefährdet und attackiert Salmhofer heftig. Er wirft ihm vor, völlig die Linie zu verlieren etc. Es scheint so zwischendurch, als ob ein ganz großer Krach unvermeidlich wäre. Am Ende gelingt es doch, die divergierenden Meinungen unter einen Hut zu bringen. Neue Linie der VO: 2 kleine Opern, wie Mignon, La Rondine oder Martha, 2 Operetten wie Ritter Pazmann oder Spitzentuch der Königin und 2 Musicals wie Wonderful Town, Brigadoon, Cancan etc. Dazu ein Ballettabend.

17. Februar

Mit Salmhofer und Prawy konkrete Spielplanweiterarbeit. Prawy wird als Direktionsrat eingestellt.

19. Februar

In der Volksoper läuft Kiss me Kate ausverkauft.

25. Februar

In „Kiss me Kate", wo [Sonja] Mottl erstmalig statt Brenda Lewis auftritt. Nachdem die erste Viertelstunde vorbei ist, kommt sie gut in Fahrt und liefert eine erstklassige Leistung. Noch nie hat es so viele Autos um die Volksoper gegeben. Wir sind praktisch täglich mit Kiss me Kate ausverkauft. In der Pause rufe ich Salmhofer und Prawy zusammen und bitte, mir binnen Tagen statt der Mai-Operette die Möglichkeit zu prüfen, allenfalls „Brigadoon" auf die Beine zu stellen.

9. März

Prawyvertrag mit Salmhofer besprochen. Dramaturg und Produktionsleiter für drei Jahre.

6. April

In der Volksoper harmonieren Salmhofer und Prawy sehr gut[16]. Wir müßten versuchen, Prawy für weitere Presseagenden heranzuziehen, vielleicht einmal für das Burgtheater.

13. September

(…) Anschließend haben wir Direktorensitzung und da kommt es nun zwischen Rott und Prawy, den Salmhofer mitgenommen hat, zu einem ganz üblen Zusammenstoß. Diesem liegt die Auseinandersetzung Rott – Volksoper zugrunde. Rott spürt, daß mit den Musicals und mit Prawy ein neuer Ton gekommen ist, der die klassische Operette z. T. ablöst. (...)
Es beginnt damit, daß ich die Frage des Sommerprogramms der Bundestheater im Juli 1957 an die Direktoren stellte. Natürlich kann man in der Oper, wenn das Orchester in Salzburg ist, nicht Oper spielen, das wäre töricht, aber man könnte theoretisch die Fledermaus und den Zigeunerbaron durchziehen z.B. durch vier Wochen. (...) Rott war natürlich sofort gegen alles, während Prawy zunächst schwieg, eine Besetzung aufschrieb und dann sagte: Hier habe ich schon die Besetzung. Darauf attackierte Rott Prawy mit der Bemerkung: Blödsinn und Wahnsinn! und als Prawy erklärte, man solle doch nur die Namen lesen, protestierte Rott gegen die Anwesenheit Prawys überhaupt. Ich erklärte, daß die Direktion der Volksoper das Recht habe, Prawy als Mitglied der Direktion mitzunehmen, aber Prawy fühlte sich so gekränkt, daß er die Sitzung verließ. Das Benehmen Rotts war in jeder Weise unmöglich. (...)
Ich gestehe, daß mich diese Unterredung und der Zwischenfall doch sehr berührten, weil ich auf der anderen Seite merkte, daß Prawy äußerst betroffen war. Dieser rief mich nämlich, währenddem anschließend Rott bei mir war, an und meinte, es sei alles sinnlos, seine Rückkehr nach Österreich wäre doch falsch, es gäbe hier keine neue Heimat, er wäre doch bereit gewesen, alles aufzugeben, um hier zu arbeiten, er fühle sich schutzlos und verlassen und verraten. Ich vereinbarte mit ihm, daß er mich später zu Hause noch einmal anrufen solle.

14. September

(...) Salmhofer und Prawy klargemacht, daß ich jetzt keine Direktionskrise an der Burg gebrauchen könne. Auch Prawy vorgehalten, daß er nicht die Dinge wegschmeißen könne, wenn er daran hänge, denn er müsse auch starke Kontroversen aushalten.

11. Oktober

Mit Sittner[17] und Prawy bespreche ich Sonderlehrgang Musical sowie Preisausschreiben Moderne Operette.

29. Oktober

(...) Anschließend fahre ich dann noch in die Volksoper, wo ich mit dem sehr müden Salmhofer und dem sehr netten Dr. Prawy mich bis gegen 23 Uhr über die Musicals unterhalte und dabei sehr wohl fühle.

6. November

Generalprobe von „Wonderful Town", von 1/2 10 Vm. bis 1/4 8 Uhr abd. durchlaufend in der Volksoper. Die Gen.Probe zieht sich entsetzlich, es ist die erste durchlaufende Bühnenprobe und vieles ist zu lang und wenig wirkungsvoll. Ich bitte nachher Rosen und Prawy sowie [Dalibor] Brazda, den Kapellmeister, in die Direktion (Salmhofer ist leider immer noch mit Nierensteinen krank) und kürze radikal eine halbe Stunde heraus.

7. November

Am Abend erste Durchlaufvorstellung „Wonderful Town", vor geschlossenem Haus Gewerkschaftsbund. Die Kürzungen haben sich als entscheidend herausgestellt, das Stück kommt stark und mit großem Beifall an. Es ist in der Story schwächer und weniger dichterisch als Kiss me Kate, aber in der Durchführung sowohl im Musikalischen als im Tempo, zweifellos stärker und zügiger.

9. November

Am Abend Premiere von „Wonderful Town". Das Premierenpublikum ist immer etwas spröde. Im Grunde kommt das Stück gut an. Kamitz, Waldbrunner, Drimmel[18] – pro, Mandl – contra. Mir gefallen einige schmierige oder ordinäre Stellen von Arno nicht und ich ersuche Prawy dringlichst, sie zu eliminieren. Es gehört das Stück außerdem weiter gekürzt, auch das Lied der Drapal muß heraus.
Anschließend kurz vis-à-vis im Gasthaus mit den Premierenleuten. Zwischen Prawy und Rosen steht eine Spannung. Begreiflicherweise, da Rosen zu viel und zu verzweigt gearbeitet hat. Nun muß man das Stück kürzen.

10. November

Voraussetzungen für das Preisausschreiben Österreichisches Musical im Detail geschaffen.

11. November

Nachmittag Unterredung mit Bauer[19] und Prawy. Wir fixieren den Vorgang für die Pressekonferenz am nächsten Tag hinsichtlich Österr. Musical.

13. November

Während der Budgetdebatte hatte ich u. a. das Textbuch zu „Annie, Get your Gun" gelesen und nun habe ich aber doch Bedenken, ob man es ohne weiteres als nächstes Musical aufführen kann.

14. November

Unterredung mit Rosen und Prawy. Es stehen zur Debatte „Annie, Get your Gun" oder „Call me Madam" oder „Brigadoon". Wir sehen uns Nachmittag in der Neubaugasse bei der MGM[20] „Call me Madam" an unter dem deutschen Titel „Eine Frau macht Geschichten". (...)
Das Ganze ist old fashioned und wird von Rosen und Prawy und mir trotz der netten Melodien von Irving Berlin sofort ad acta gelegt.

30. November

(...) Anschließend in die Volksoper, wo wir also die nächsten 3 Stücke fixieren mit „Annie, Get your Gun", dann Walzertraum von Oscar Straus, welche Operette das 50. Jubiläum hat und als 3. entweder die Zaubergeige von Werner Egk oder Ero der Schelm, wobei ich aber mehr für die Zaubergeige bin.
Das ist der vierte Abend, den ich mit Direktoren in dieser Woche verbringe, zwei mit Karajan, einen mit Rott, einen mit Salmhofer. Schön langsam reicht es mir.

15. Dezember

Mit Mr. Gerald Schwab und Prawy mein Reiseprogramm für die USA etwas definiert. Anschließend am frühen Nachmittag mit Rosen und Prawy den Film „Duell in der Manege", d. i. „Annie, Get your Gun" angesehen. Es beginnt reizend wie ein moderner Papageno oder wie Kätchen von Heilbronn in der elementaren Liebe der „Annie, zu Frank Butler. Es könnte eine Art moderne Penthesilea sein. Aber bald geht es über in die mir so bekannte amerikanische Ideologie über den historischen Westen vergangener Jahrhunderte. Indianer, Pferde, Reiten. (...) Also erleben wir zunächst eine Baisse unserer Meinungen für Annie und gehen sofort anschließend in das Phönixkino zu dem Film „Brigadoon", der reizend und kultiviert ist. (...) Eine poetische, zauberhafte Angelegenheit. Wir sitzen eine um die andere Stunde beisammen und zum Schluß sieht es so aus, daß „Annie, Get your Gun" ein reizvolles entertainment, eine Unterhaltung ist, jedoch erstklassig zu besetzen mit Brenda Lewis und wahrscheinlich Liewehr.

23. Dezember

Wir werden also nun doch in der Volksoper „Annie, Get your Gun" machen. Ich verlange von Prawy eine genaue Zeitstoppung. Außerdem setzen wir diesmal bereits mehr Wiener ein und zwar Paulik als Dirigenten, Preger und Hedy Fassler.

1957

26. Februar

Großer Ärger mit „Annie, Get your Gun", da sowohl Prawy als auch Rosen die Nerven verlieren. Ich gestehe, daß mich dieser Tag sehr anstrengt. Ich erzwinge die Generalprobe am Abend, sie holpert.

Am 28. September 1957 verstirbt Ernst Marboe mit nur 48 Jahren an einem Herzinfarkt. Marcel Prawy, zur Uraufführung von Leonard Bernsteins „West Side Story" in New York, erfährt vom Tode des Freundes und Protektors aus der New York Times und reist sofort nach Wien zurück, um dem Begräbnis beizuwohnen.

---

1 In den Josefssaal (Josefsgasse, Wien VIII) sind Marcel Prawys Shows 1954 übersiedelt, nachdem das Kosmos-Theater (Siebensterngasse, Wien VII), das 1952-1954 als Spielstätte gedient hatte, wieder zu einem Kino wurde.

2 *Aus dem Communiqué:* „In der Bundestheaterverwaltung fand heute unter Vorsitz des Leiters, Min.Rat Ernst Marboe, eine Enquete über die künftige künstlerische Struktur der Volksoper statt", *wobei der Frage nachgegangen wurde,* „ob der derzeitige Spielplan weitergeführt, oder ob er im Hinblick auf die Eröffnung der Staatsoper am Ring abgeändert werden soll." *Eine Aufteilung wird beschlossen, wobei der Staatsoper die großen Werke zufallen sollen.* „Als Ersatz für die an die Oper am Ring abzugebenden Werke sollen moderne Werke verschiedenster Gattung, die der Struktur der Volksoper entsprechen, in den Spielplan aufgenommen werden. In dieser Richtung wurde auch die Aufführung von Musicals empfohlen."

3 Karl Lustig-Prean war ab den 1920er Jahren als Regisseur und vorübergehend Vizedirektor an der Wiener Volksoper tätig und war 1934/35 Direktor des Hauses.

4 Hermann Juch war Direktor der „Staatsoper in der Volksoper“ 1945 bis 1955.

5 Hans Busch, Regisseur und Musikforscher, Sohn des Dirigenten Fritz Busch

6 Olive Moorefield, amerikanische Sopranistin, Star in den Kosmos-Shows ihres Entdeckers Marcel Prawy, später der Wiener Volksoper

7 Franz Salmhofer, österreichischer Komponist und Dirigent, Direktor der „Wiener Staatsoper im Theater an der Wien“ (1945 – 1955) und der Wiener Volksoper (1955 – 1963)

8 Heinrich Reif-Gintl, seit 1923 in der Bundestheaterverwaltung tätig, bekleidete verschiedene Verwaltungsfunktionen in der Wiener Staatsoper, bevor er 1968 bis 1972 Direktor des Hauses war.

9 *Aus dem erwähnten Rundfunkinterview mit dem designierten Volksoperndirektor Salmhofer:* „Als Mitarbeiter möchte ich mir einen jungen, hochbegabten Mann, Dr. Marcel Prawy, heranziehen, der nicht nur hohe Musikalität, sondern auch die Erfahrung, was ist in anderen Ländern Gutes, Brauchbares und Lebensfähiges, besitzt.“

10 Anton Paulik, Dirigent an der Wiener Volksoper

11 Alexander Pichler und Kurt Preger – Sänger und Regisseure an der Volksoper

12 Gattin des ÖVP-Politikers und späteren österreichischen Finanzministers Eduard Heilingsetzer

13 Adolf Rott, Regisseur und Burgtheaterdirektor

14 Walter von Hoesslin, Bühnenbildner und Ausstattungschef der Volksoper

15 Brenda Lewis, Olive Moorefield und Hubert Dilworth waren die drei amerikanischen Gäste in der Besetzung der „Kiss me, Kate“-Produktion.

16 *In einem Brief vom 19. Juli 1956 zieht Volksoperndirektor Salmhofer eine Bilanz der Saison, wobei er seine Verdienste um das Musical sicher nicht zu gering veranschlagt:* „Unsere erste Volksopernsaison verlief bis zum Sommer ausgezeichnet, Kiss me Kate trotz sommerlicher Hitzewelle vital durchgehalten und verhältnismäßig gut verdient. Die letzten beiden Aufführungen sang Frau Bauer aus Graz die „Kate“. Stimmlich mäßig, darstellerisch provinziell, aber eine schöne, schlanke Frau, das mußte bei dieser infernalischen Hitze genügen!
Unser lieber „Angsthase“ Dr. Prawy kam aus dem Zittern nicht heraus und wollte beide Aufführungen absagen, aber wozu hat man einen furchtlosen Direktor, und so ging alles gut zu Ende.
Wie Ihnen Dr. Prawy sicherlich schon mitgeteilt hat, steht die Besetzung von „Wonderful Town“ jetzt eisern, Dilworth bleibt uns erhalten, den Baker singt und spielt Bruce Low, der gagenmäßig wie Liewehr rangiert. Alle Verträge für die Musical-Leute sind perfekt und ich hoffe, unser „hoher Chef“ ist zufrieden.

17 Professor Hans Sittner, Präsident der Akademie für Musik und darstellende Kunst in Wien

18 Reinhard Kamitz, Finanzminister; Karl Waldbrunner, Verkehrsminister; Heinrich Drimmel, Unterrichtsminister; Hans Mandl, Wiener Kulturstadtrat

19 Louis Bauer, Freund und Berater Ernst Marboes, Generaldirektor in der Erdölwirtschaft

20 MGM = Metro-Goldwyn-Mayer, amerikanische Filmproduktionsfirma

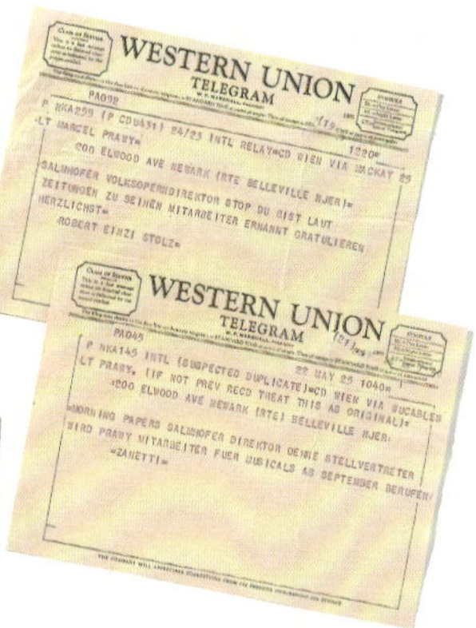
WESTERN UNION
TELEGRAM
PA092
P NKA299 (P CDU431) 24/23 INTL RELAY=CD WIEN VIA MACKAY 25
LT MARCEL PRAWY=
200 ELWOOD AVE NEWARK (RTE BELLEVILLE NJER)=
SALMHOFER VOLKSOPERNDIREKTOR STOP DU BIST LAUT ZEITUNGEN ZU SEINEN MITARBEITER ERNANNT GRATULIEREN HERZLICHST=
ROBERT EINZI STOLZ=

WESTERN UNION
TELEGRAM
PA045
P NKA145 INTL (SUSPECTED DUPLICATE)=CD WIEN VIA MUCABLES 22 MAY 25 1040=
LT PRAWY, (IF NOT PREV RECD TREAT THIS AS ORIGINAL)=
200 ELWOOD AVE NEWARK (RTE) BELLEVILLE NJER=
MORNING PAPERS SALMHOFER DIREKTOR DEINE STELLVERTRETER WIRD PRAWY MITARBEITER FUER MUSICALS AB SEPTEMBER BERUFEN=
ZANETTI=

Austrian Seeking Yank Stars for Volks Opera

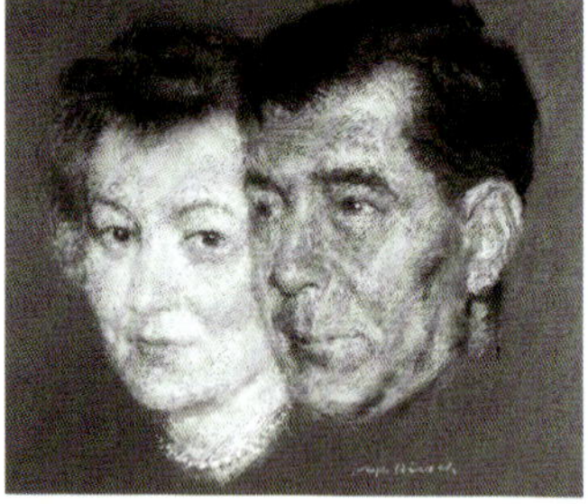

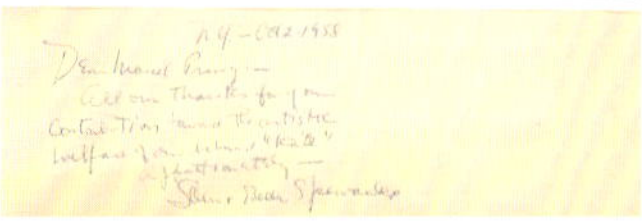

Freunde gratulieren zur Berufung an die Volksoper (ganz links), die Librettisten Bella und Sam Spewack zum „Kiss me, Kate"-Triumph.
Oben: Mit seinem Ensemble (von links nach rechts: Liewehr, Moorefield, Dillworth, Lewis und Rudel) sucht der Dramaturg nach neuen Stücken.

VOLKSOPER

Unter Direktor Franz Salmhofer (rechts oben) fand nach „Kiss me, Kate" (oben der Komponist Cole Porter) auch Irving Berlins „Annie, Get your Gun" an die Volksoper. Rechts: Brenda Lewis als Annie

Prawys Erfolgsproduktionen der 60er-Jahre: Gershwins „Porgy and Bess“ (1965) mit Debria Brown, Archie Savage, Robert Guillaume und der Moorefield (ganz oben), ...

... gefolgt von Bernsteins „West Side Story“ (1968) mit Julia Migenes, Adolf Dallapozza, Arline Woods und Carmine Terra (rechts, bei der Schallplattenpräsentation).

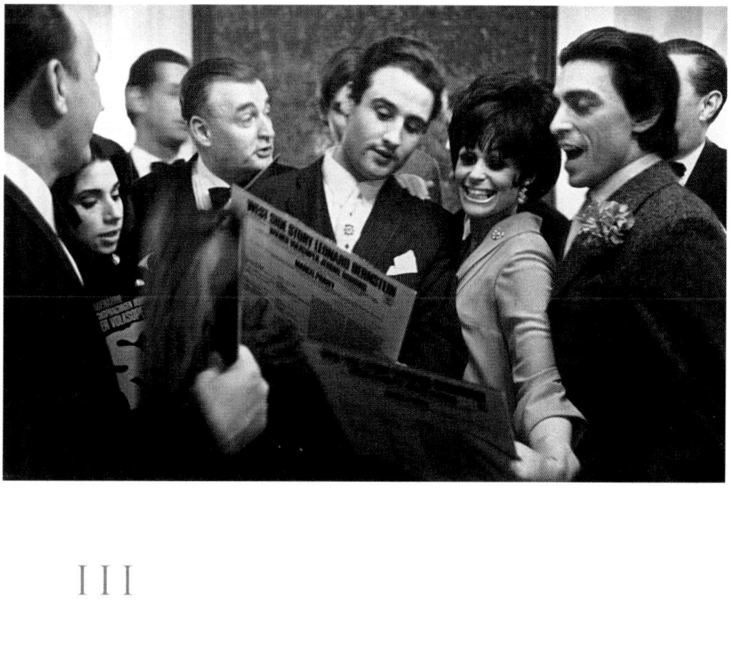

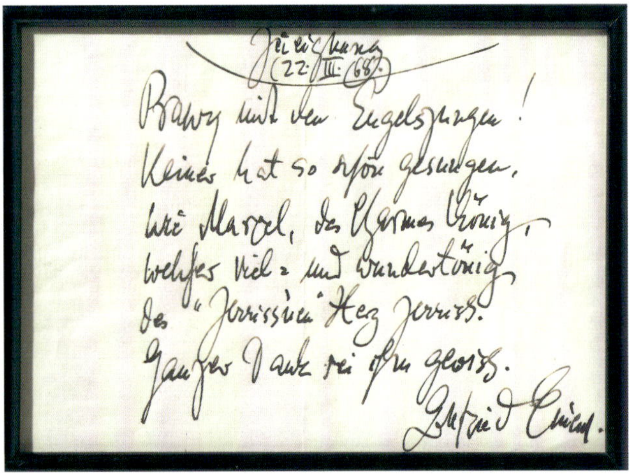

Zeichnung (22. III. 68).

Bravo mit den Engelszungen!
Keiner hat so schön gesungen,
wie Marcel, der Charmeurkönig,
welcher viel- und wundertönig
das „Zerrissenen" Herz zerriss.
Ganzer Dank sei ihm gewiss.

Gottfried Einem.

Im Gespräch mit dem „Lieblingsdirektor" Albert Moser (rechts vorne Otto Schenk), eine Gratulation von Gottfried von Einem und Bernd Weikl in „Karussell".

Weggefährten: Argeo Quadri (oben, mit Katia Ricciarelli), Carl Nemeth, Robert Stolz und Albert Moser (rechts oben), Michael Heltau und Milva (unten). Rechts: Direktor Ioan Holender übergibt die Ehrenmitgliedschaft der Volksoper (1993).

„... und niemand vermisste den Walzer"

Julius Rudel

Ich kann nicht behaupten, daß ich die Aufgabe, „Kiss me, Kate" an der Volksoper zu dirigieren, übernommen habe, ohne zu ahnen, was für eine Herausforderung das darstellen würde. Schließlich wurde ich in der Hochburg der Operette geboren und war mir der großen Kluft bewußt, die die amerikanische Musical Comedy vom Wienerischen Verständnis der Unterhaltungsmusik trennt – hier der Schwung des Dreivierteltaktes, dort der Swing Cole Porters, hier gemütlicher Witz, dort die beißende, idiomatische Komödie von Sam und Bella Spewack. Dies zu den Unterschieden der Formen – aber es gab auch praktische Schwierigkeiten.

Marcel Prawy, der Produktionsleiter von „Kiss me, Kate" an der Volksoper, ist ein Freund aus meinen Wiener Jugendtagen. Er hatte sich seit mehreren Jahren bemüht, das Unterrichtsministerium, unter dessen Aufsicht die Staatstheater stehen, zu überzeugen, daß amerikanische Musicals einen Platz auf österreichischen Bühnen haben müssen. Als seine Überzeugungsarbeit die Produktion möglich gemacht hatte, gab es immer noch viele verstockte Gegner. Bis zum Premierenabend wurden Zweifel und Hohn lauthals verkündet. Von Anfang an hatte Prawy glücklicherweise die Unterstützung des vorausschauenden Ernst Marboe, Leiter der Bundestheaterverwaltung, sowie des Volksoperndirektors Franz Salmhofer.

Es sollte sich herausstellen, daß „Kate" ein weit größerer Erfolg war, als irgend jemand hatte voraussehen können; ihn auf die Beine zu stellen, bot Probleme, die im Rückblick wesentlich komischer sind, als ich sie in jenen aufregende Wochen erlebt hatte.

Es schien, als ob ich das exzellente Volksopernorchester niemals dazu bringen würde, Cole Porters Musik zu spielen. Die Herren waren alle kooperativ, aber die Schwierigkeiten, den vollkommen neuen Musikstil zu bewältigen, erforderten mehr als ihren guten Willen. Zwischen 13 und 17 Uhr wird an diesem Theater nicht geprobt; abends ist dies auch nicht möglich, da Orchester und Sänger für den regulären Vorstellungsbetrieb zur Verfügung stehen müssen. Diese Probenbeschränkungen wurden durch strenge gewerkschaftliche Regelungen kaum erleichtert, die eine maximale Proben- und Aufführungszahl pro Monat festlegen. Deshalb sind die Orchestermusiker einem Rotationsprinzip unterworfen, mit dem Ergebnis, daß das Orchester bei zwei Treffen niemals exakt dieselbe Zusammensetzung hat. Während der Probenzeit blieb ich recht höflich, wenn ich bei jedem Betreten des Orchestergrabens neue Gesichter sah. Doch ich werde niemals den Schock vergessen, als ich bei der neunten Vorstellung (!) vor das Orchester trat, und auf dem Konzertmeistersessel ein Herr saß, dem ich nie zuvor begegnet war!

[...]

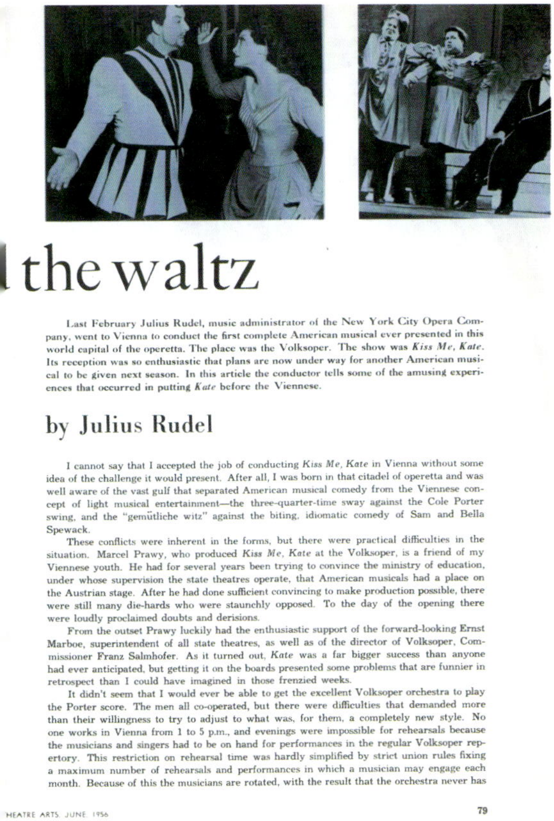

the waltz

Last February Julius Rudel, music administrator of the New York City Opera Company, went to Vienna to conduct the first complete American musical ever presented in this world capital of the operetta. The place was the Volksoper. The show was *Kiss Me, Kate*. Its reception was so enthusiastic that plans are now under way for another American musical to be given next season. In this article the conductor tells some of the amusing experiences that occurred in putting *Kate* before the Viennese.

by Julius Rudel

I cannot say that I accepted the job of conducting *Kiss Me, Kate* in Vienna without some idea of the challenge it would present. After all, I was born in that citadel of operetta and was well aware of the vast gulf that separated American musical comedy from the Viennese concept of light musical entertainment—the three-quarter-time sway against the Cole Porter swing, and the "gemütliche witz" against the biting, idiomatic comedy of Sam and Bella Spewack.

These conflicts were inherent in the forms, but there were practical difficulties in the situation. Marcel Prawy, who produced *Kiss Me, Kate* at the Volksoper, is a friend of my Viennese youth. He had for several years been trying to convince the ministry of education, under whose supervision the state theatres operate, that American musicals had a place on the Austrian stage. After he had done sufficient convincing to make production possible, there were still many die-hards who were staunchly opposed. To the day of the opening there were loudly proclaimed doubts and derisions.

From the outset Prawy luckily had the enthusiastic support of the forward-looking Ernst Marboe, superintendent of all state theatres, as well as of the director of Volksoper, Commissioner Franz Salmhofer. As it turned out, *Kate* was a far bigger success than anyone had ever anticipated, but getting it on the boards presented some problems that are funnier in retrospect than I could have imagined in those frenzied weeks.

It didn't seem that I would ever be able to get the excellent Volksoper orchestra to play the Porter score. The men all co-operated, but there were difficulties that demanded more than their willingness to try to adjust to what was, for them, a completely new style. No one works in Vienna from 1 to 5 p.m., and evenings were impossible for rehearsals because the musicians and singers had to be on hand for performances in the regular Volksoper repertory. This restriction on rehearsal time was hardly simplified by strict union rules fixing a maximum number of rehearsals and performances in which a musician may engage each month. Because of this the musicians are rotated, with the result that the orchestra never has

HEATRE ARTS, JUNE 1956 79

Da wir eine so ausgeprägte *Volksopern*-Produktion wie möglich vorlegen wollten, importierten wir nur drei amerikanische Sänger – Brenda Lewis, Olive Moorefield und Hubert Dilworth, die Lilli Vanessi (Käthchen), Lois Lane (Bianca) beziehungsweise Paul darstellten. Sie waren enorm erfolgreich (erstaunlich ihr deutscher Dialog) und sehr beliebt bei den Wiener Kollegen. Sie haben wohl mehr für die Völkerverständigung geleistet, als drei hochrangige Diplomaten es vermöchten.

[...]

Wir trainierten die Chorsänger, sich zu bewegen, während sie sangen, und die Ballettmitglieder, zu singen, während sie sich bewegten; das war für Wiener Verhältnisse eine Revolution, doch jeder einzelne der Sänger und Tänzer genoß sein „Doppelleben" außerordentlich.

Die Chormitglieder waren sogar angehalten, wieder ein wenig zu *ver*lernen: Denn sie hatten ihre Partien musikalisch zu genau, zu wörtlich studiert. Mit meinem besten Badewannen-Bariton versuchte ich zu demonstrieren, wie die Songs klingen sollten, aber sie protestierten: „Da fehlt eine Note!" Schließlich sagte ich zu ihnen: „Glaubt nicht alles, was ihr lest", und nahm ihnen die Noten weg. Sie lernten ausgezeichnet durch Nachahmung.

Hatte Prawy die Regierungsstellen einmal überzeugt, amerikanisches Musical zu produzieren, geschah dies mit Pracht! Die Ausstattung war so üppig, daß die Üppigkeit bisweilen der Show in die Quere kam. Typisch für den Aufwand war die Dekoration für „Too Darn Hot" („Viel zu heiß"). Die Nummer dauert etwa fünf Minuten (der tumultartige Applaus und das Trampeln, die jedes Mal auf sie folgten, nicht eingerechnet), und das Bühnenbild wird anschließend in der Show nicht mehr verwendet. Am Broadway benützt man hier einen einfachen Hänger. An der Volksoper hatte man uns mit einer solide gezimmerten Holzwand versorgt, mit einem Aufbau und einer Feuerleiter, auf denen man mühelos spazieren konnte – die Tatsache, daß niemand darauf geht, war irrelevant. Immerhin tröstete uns der Gedanke, daß – wenn das Stück ein Flop würde – wir alle in dieser Dekoration einige Zeit gratis wohnen könnten ...
[...]

Ich habe keinen Zweifel, daß diese „Kate"-Produktion einen Einfluß haben wird auf die Art und Weise, in der zukünftig in Wien Stücke geschrieben und aufgeführt werden. Sie machte das Publikum mit dem Gebrauch vieler verschiedener Musikstile in einer Show, mit der sorgsamen Verflechtung von Libretto und Musik, mit einer durchgehenden Aufführung ohne längere Pausen und mit einem ständig in Aktion und Bewegung befindlichen Chor bekannt. Es fand hier eine grundsätzliche Revolution des Operettenstils statt, welche die Wiener überzeugte und die fraglos die Zukunft seiner Musiktheaterbühne beeinflussen wird.

Bisweilen machten wir uns Sorgen über die Wirkung mancher Stellen im Stück auf ein europäisches Publikum. Ein Beispiel dafür war der satirische Song „Wunderbar". Würden die Wiener es als Satire auffassen oder als ärmlich gemachten Walzer mißverstehen? Würde ihnen der Spaß vergehen, wenn mit „ihrer" Musik Spaß getrieben wird? Wir versuchten es einige Male abzuändern, beließen es schließlich aber doch wie geschrieben – und ich berichte glücklich, daß die Wiener über sich selbst lachen können. Wir fürchteten auch, daß „I Hate Men" („Nur kein Mann") als „undamenhaft" empfunden würde, aber nach vielen Debatten und Experimenten brachte es Brenda Lewis genau so wie in Amerika und erzielte einen rauschenden Erfolg. Ihre beherzte Darstellung war ansteckend.

Fred Liewehr legte den Petrucchio zunächst sehr ernsthaft an. Schließlich ist er auch einer der meistverehrten Charakterdarsteller des berühmten Burgtheaters. Aber er ging immer mehr aus sich heraus und steigerte sich zu einer blendenden Leistung, mit der er allabendlich viele der Lacher auf sich ziehen konnte. Jedoch schreckte er lange davor zurück, der Hauptdarstellerin „den Hintern zu versohlen". Die Lewis, Profi durch und durch, auch wenn es weh tut, überzeugte ihn schließlich (oder provozierte ihn dazu?). Liewehr war ebenso überrascht wie bestärkt vom Dröhnen eines zustimmenden Gelächters, so daß er ab sofort mit größter Hingabe seine Kate verdrosch.

Nicht alles jedoch gelang genau so wie am Broadway. Die beiden Komiker, die die Gangster verkörperten, waren rundliche, gemütliche Herren [Helmut Qualtinger und Kurt Preger, Anm.] die – getreu der Tradition der Wiener Operette – erwarteten, daß ihnen freie Hand beim Improvisieren ihrer Szenen gegeben würde (was eine der Erklärungen dafür ist, daß die Show etwa fünfzehn Minuten länger dauerte als am Broadway). Es gelang uns nicht, ihnen den typisch trockenen Humor von Spewacks Libretto abzuverlangen, und es spricht für das Publikum, daß die Gangster nicht der „Hit" waren, den sie hier üblicherweise darstellen.
[...]

Ich sollte nicht schließen, ohne auf die Übersetzung einzugehen. Jeder fragt mich zuallererst: Wie kann „Kate" eine Übertragung ins Deutsche überleben? Auch ich war zunächst skeptisch, als das Thema aufkam, aber als ich einige der Verse sah, die Marcel Prawy hergezaubert hatte, war ich überzeugt. In „Where Is the Life that Late I Led?" beispielsweise singt Petrucchio im Original: „Where Are you Lisa, you Gave a New Meaning to the Leaning Tow'r of Pisa". Im Deutschen lautete das: „Wo bist du Lisa, wie selig wir schliefen hinterm Schiefen Turm von Pisa".
Alle drei Amerikaner brachten Teile ihrer Lieder auf Englisch, und wir waren sehr überrascht, daß Brenda Lewis mit „I Hate Men" im Original und in der Übersetzung gleich viele Lacher auf ihrer Seite hatte.
[...]

„Kiss me, Kate" an der Volksoper war ein überragender Erfolg in jeder Hinsicht. Die Ewiggestrigen, die sich gegen Prawy gestellt hatten, als er Musical mit staatlicher Subvention in Angriff nahm, sind jetzt damit beschäftigt, die enormen Kasseneinnahmen zu zählen. Der „barbarische Import", der seit der Premiere im Februar rund drei Mal pro Woche gespielt wird, erzielte nämlich oft genug volle Häuser bei erhöhten Preisen. In diesem Monat läuft „Kate"

vier Wochen lang en suite, und während ich diese Zeilen schreibe, wird angestrengt nachgedacht, welches amerikanische Musical im Herbst folgen könnte.
Die Kritiker, die während der ganzen Saison an der Staatsoper Dampf abgelassen hatten, verbrauchten all ihre Superlative für „Kate“. Einer begrüßte das Kommen des Musicals als Ereignis, das der Aufführung der ersten Offenbach-Operette in Wien gleichkam. Ein anderer jubelte: „Die Operette ist tot – es lebe das Musical.“ Aber ich glaube, die Haltung des Wiener Theaterpublikums wurde am besten durch jenen Kritiker ausgedrückt, der schrieb: „Küß mich, Käthchen – wieder und wieder.“
(Aus: Theatre Arts, Juni 1956, Übersetzung: Christoph Wagner-Trenkwitz)

Ganz rechts: Walter Hoesslin, durch Jahrzehnte Ausstattungsleiter an der Volksoper

„Wir haben alle für das Musical gebrannt – und Prawy war der Anzünder“

Walter Hoesslin (†) im Gespräch

Ich war in der Volksoper seit dem Jahre 1933-1938 wurde ich Technischer Direktor und Ausstattungschef. Die Einführung des Musicals mit „Kiss me, Kate“ im Jahre 1956 an der Volksoper war eine echte Revolution. Hinter uns hatten wir die großangelegte Renaissance der goldenen Operette, der wir eine immense technische Vielfalt verdankten: Scheinwerfer, Drehbühne, Projektionen; aber auch die Erstarrung der Operette zur Schablone. Wir haben immer gesagt: Zwischen einem Haus der Freude und einem Freudenhaus ist ein großer Unterschied.
Die Zeit war reif für das Musical, mit guten Geschichten, originellen Büchern, einem schlagkräftigen Team: Prawy ante portas. Bei Max Reinhardt hatte ich gelernt, daß das Theater aus zwei Elementen besteht: aus Träumen und deren Verwirklichung.

War Marcel Prawy eher ein Träumer oder ein Verwirklicher?
Eher ein Träumer. Aber wie Max Reinhardt, den ich auch im besten Sinne als Träumer bezeichnen würde, hat er die Gabe gehabt, die Verwirklicher um sich zu scharen und zu begeistern. Und ich hatte das Vergnügen, sein Verwirklicher zu sein.

Ich soll Ihnen von Marcel Prawy ein Wort sagen: Kuhglocke!
Das ist ein Stichwort für mich. Wir saßen Ende 1955 in meiner Wohnung, Prawy, der Regisseur, Choreograph und Philosoph Heinz Rosen – der auch Jean Cocteau später nach Wien gebracht hat –, der musikalische Leiter Julius Rudel und ich.
Und wir beschlossen, das Musical durchzusetzen. Zum „Einläuten“ dieser Revolution betätigte ich die große Kuhglocke, die bei mir im Wohnzimmer hing.

Sie hatten eine große Ablehnungsfront gegen sich.
Das kann man sagen! Direktor Salmhofer drohte anfangs mit seinem Rücktritt: „Entweder das

Musical oder ich!“ Die Betriebsräte habe ich heute noch im Ohr: „Hört’s doch auf mit eurem blöden *Musnickl*“.
Ohne Ernst Marboes Einfluß wäre „Kiss me, Kate“ nie zustande gekommen.
Die darauffolgenden Produktionen waren nicht solche Erfolge: „Wonderful Town“ – die Verherrlichung von New York – war für die Wiener nicht sehr interessant; und auch Buffalo Bill und der Wettstreit von Mann und Frau, wer besser schießt, in „Annie, Get your Gun“ waren kein Thema, das hierzulande interessierte. Zuerst hatten wir Plakate, auf denen der Titel in Englisch zu lesen war. Schließlich hat Prawy persönlich die Plakate mit „Annie, nimm dein Schießgewehr“ überklebt. Daraufhin ging der Verkauf noch schlechter – die Wiener wollten von Schießgewehren nichts hören!
„My Fair Lady“ haben wir ja leider nicht nach Wien bekommen.

Bei der Produktion von „West Side Story“ waren Sie auch dabei?
Selbstverständlich. Das war auch ein großer Erfolg. Ich erinnere mich noch, wie uns Marcel Prawy – singend, am Klavier – bewiesen hat, daß das schöne Lied „Tonight“ nicht übersetzt werden kann, weil „Heut’ Nacht, heut’ Nacht, hab’ ich an dich gedacht“ unmöglich hart klingt.

Prawy war Produktionsleiter – eine bis dahin vollkommen unbekannte Funktion. Wie lief das ab?
Er hat sich in alles – nicht hineingemischt, sondern mit aller Kraft – hineingearbeitet: Übersetzung, Regie, Bühnenbild, Musik. Er war fähig, alle anzuzünden. Wir haben alle gebrannt für das Musical, und Marcel Prawy war der große Anzünder.

„Der Augenmann und der Ohrenmann"

Otto Schenk im Gespräch

Wen Otto Schenk und Marcel Prawy hier wohl so liebevoll anblicken?

Seine drei wichtigsten Leistungen an der Volksoper nennt Marcel Prawy die Einführung des Musicals, das Engagement von Argeo Quadri als Dirigenten des italienischen Repertoires und die Entdeckung von Otto Schenk als Opernregisseur. Was hat die Begegnung mit Prawy für Sie bedeutet?

Mit Marcel Prawy ist ein Stück dämonische Magie in mein Leben getreten. Ich habe seine Clownerie, mit der er durchs Leben geht, die Maskierung, mit der er sein Herz verbirgt, sehr früh durchschaut und in ihm einen Vergil getroffen, der mich durch die prachtvollsten Höllen der Opernwelt geführt hat. Bis in die Tiefe dieser schaurig-schönen Extremkunst, die den Menschen nur eine Zeitlang gelungen ist. Ich glaube, die große Zeit der Oper ist vorbei.

Das sagt auch Prawy.
Und ich bin ganz seiner Überzeugung. Manchmal finden wir noch Juwelen in diesem Aschenhaufen: „Lulu“, „Dantons Tod“, einmal ein Berio, ein Cerha – wir wühlen im Vulkanschutt einer großen Eruption.

Sie beide haben oft gestritten.
Prawy und ich haben unser ganzes Leben nur gestritten. Ich habe mit ihm mein ganzes Leben ein leidenschaftliches Gespräch geführt, das sich darum dreht, daß er ein bißchen mehr durch das Hören fasziniert ist und ich ein bißchen mehr durch das Sehen. Ich hoffe, er weiß es auch, daß das unsere Sünden sind: Ich habe nicht genug Ohr, und er hat nicht genug Auge. Da mußten wir uns zusammenraufen.

Die Rauferei hat in den fünfziger Jahren begonnen, als Prawy Sie für „Don Pasquale“ an der Volksoper engagierte. Ihre Inszenierung war gar nicht so weit entfernt von den Effekten des heutigen „Regietheaters“, ein Schock für viele, Donizetti in Lumpen. Prawy hat sich sogar für

Otto Schenk und Marcel Prawy in freundschaftlichem Wettstreit: Wer hat die besseren Karten?

Sie ohrfeigen lassen: Eine Dame war empört über Ihre Inszenierung und hat Prawy verdächtigt, einen „Opernzerstörer" engagiert zu haben, damit seine Musicals besser herauskommen.
Wenn man sich die Gewohnheit zur Amme macht, entsteht tödliches Theater. Ich wollte damals die Geschichte eines alten Junggesellen erzählen und habe sie in ein Milieu gestellt, das mir am glaubhaftesten erschien. Darauf hat man mich für einen „kommunistischen" Regisseur gehalten. Aber es ging mir um das Mitleid. Ich habe noch gelernt, daß es um Furcht und Mitleid geht. Heute geht es manchem Regisseur – die Herren sind oft in der Midlife- und Endlife-Crisis – um „Schauder und Jammer". Das ist eine Firma, die ich nicht anerkenne.

Die Gefahr ist, daß Theater „interessant" wird und nicht mehr berührt. Wie berührt man denn im Theater?
Kortner hat gesagt: Alle zehn Jahre wird das Theater bedeutend, und das muß man kurz überleben, dann entsteht wieder das Richtige. Es kann befruchtend wirken: Man kann auf expressionistischen Treppen einen „Wilhelm Tell" wahrscheinlich leidenschaftlicher spielen als mit naturalistischen Bäumen; man kann auf einer Scheibe die Liebe von Siegmund und Sieglinde wunderbar darstellen; nur eines kann man nicht: den Menschen „schwänzen". Marcel Prawy ist so leidenschaftlich verliebt in den Menschen, daß er sich manchmal eine altertümliche Umgebung eher gefallen läßt als die Verpackungsindustrie, die den Menschen schwänzt.
Wenn Prawy einem den Don José vorsingt vom ersten bis zum letzten Ton, dann müßte man das eigentlich für Generationen festhalten. Ich habe es immer noch im Ohr, wie er krächzt, aber die Leidenschaft stimmt ... wer das schwänzen will, dem muß schon etwas anderes Gewaltiges einfallen. Deshalb verehrt Prawy die Alten, eine kleine Phrase von Gigli oder Kiepura, forscht da und dort, ist jederzeit bereit, einem neuen Werk, einem Pop-Konzert, einem Schlager diese Kraft abzuluchsen. Darum ist er einer der modernsten Menschen, die ich je getroffen habe.

Hat sich Marcel Prawy als Produktionsleiter eigentlich in Ihre Arbeit eingemischt?
Er wurde mein ständiges Gewissen! Ich habe nie etwas inszeniert, bei dem ich ihn nicht um Rat gefragt hätte. Und war er nicht zu erreichen, habe ich mich gefragt: Was würde der ekelhafte Prawy dazu sagen? Ich habe mich natürlich nicht immer daran gehalten. Der Augenmann und der Ohrenmann haben ja ihre Schwierigkeiten miteinander. Doch Prawy ist eine Fundgrube, nicht nur an Wissen, sondern an Vorschlägen, die mit Liebe und Gefühl durchsetzt sind. Mich interessiert ja kein Dramaturg der Erde, wenn er nicht brennt fürs Theater. Ich erinnere

mich, wie wir uns gemeinsam in den „Baal“ vernarrt haben und verstanden, was dieses seltsame, leidenschaftliche Werk herausholt aus dem fast erloschenen Vulkan Oper.

Wie war Prawy Mitte der fünfziger Jahre, als er noch nicht hoffen konnte, eine solche Popularität zu erreichen? Genau so wie heute?
Immer gleich. Er war nie anders. Er konnte nie über seinen eigenen genialen Schatten springen.

Prawy sagt, nur wer ein Werk schafft, darf „genial“ genannt werden.
Da hat er recht. Aber es gibt ein paar produktive Clowns, die müssen sein, damit das Werkel weitergeht. Er hat immer das Ewige verteidigt und nicht das Traditionelle. Manchmal hat er's vielleicht verwechselt, aber er war immer moderner als die Modernisten. Prawy und ich haben beide unsere eigene Sehnsucht. Ich möchte etwas, das ich vor mir sehe, mit meinem ärmlichen Können herstellen. Das gelingt einmal, und einmal nicht. Prawys Sehnsucht ist es, daß das Vergangene wirklich so schön ist, wie er möchte. Ich frage mich manchmal, ob Prawy nicht besser ist als manche, die er als Zeugen anführt.
Dabei ist er zutiefst bescheiden. Er fand immer jemanden, der größer ist als er: den Richard Strauss, den Kiepura, die Staatsoper, die Opernwelt ... Er sagt von sich: „Ich bin ein Zweiter.“ Aber er ist der größte Zweite, den es gibt.

Lieblingsdirektor und „grosser Verscheucher"

Albert Moser (†) im Gespräch

Prawy, Stolz und Moser begutachten eine Orchesterstimme von „Venus in Seide".

Ich blättere gerade im Verzeichnis der Wiener Rotarier: Bei allen steht das Geburtsjahr, nur bei Marcel Prawy nicht. Robert Stolz, der ja ein guter Freund von ihm und von mir war, hat bis zu seinem 80. Geburtstag nicht zugegeben, wie alt er ist. Dann hat die Einzi den Geburtstag proklamiert, ab da wurde jährlich gefeiert. Einmal haben wir drei gemeinsam Einzi Stolz überlistet, als wir die Besetzung zur Stolz-Operette „Venus in Seide" zu seinem 80. Geburtstag

„Mit ihm konnte man Pferde stehlen" –
Marcel Prawy über Albert Moser

ohne sie zusammengestellt haben. Aber das war das einzige Mal, daß Robert seine Einzi „betrogen" hat.

Robert Stolz hat mit Prawy sehr viel zu tun. Aber sagen Sie mir zuerst, wie Sie Marcel Prawy kennengelernt haben.
Prawy habe ich im Laufe einer Österreich-Tournee kennengelernt, die er mit seiner Musical-Truppe aus dem Kosmos-Theater machte – Olive Moorefield war dabei, Keith Engen und der holländische Tenor Walter Canoy. Ich war damals Generalsekretär des Musikvereins für Steiermark, und Prawys Leute machten auch in Graz im Stefaniensaal halt.
1956 wollte mich Karajan nach Wien holen, ich konnte aber noch nicht ganz aus Graz weg und habe mir daher nur als Gast den Betrieb angeschaut. Und als ich von der Amtsrätin Wachter durch die Büros der Bundestheaterverwaltung gezerrt wurde, fiel auch oft der Name Prawy. Ich erfuhr, daß Ernst Marboe ein Gönner von Prawy war, der ihm geholfen hatte, seine Ideen vom Musical in Wien durchzusetzen. Gegen starke Opposition, muß man sagen. Für ein Jahr, es war 1962/63, flüchtete Prawy nach Berlin ans Theater des Westens, wo er als Dramaturg Musicals produzierte.
Im Sommer 1963 wurde ich zum Direktor der Volksoper ernannt. Meine erste Tat war, nach Berlin zu fliegen und Marcel Prawy zu suchen, denn ich wußte genau, daß ich diese Aufgabe ohne ihn nicht bewältigen kann.
Ich habe den Minister angefleht, er möge mir nicht die Volksoper geben – nichts gegen meinen väterlichen Freund Franz Salmhofer, aber das Haus war in den letzten Jahren seiner Amtszeit ein Sauhaufen. Die meisten Premieren sind danebengegangen, außer den Produktionen, die Marcel Prawy persönlich betreut hat, und auch er war zu viel auf Reisen. Ich habe ihn also

zurückgeholt, und mit ihm noch einen anderen Pläneschmieder als Opernchef mitgebracht, Peter Maag, von dem wir uns nach zwei Jahren wieder getrennt haben.

Was hat Prawy beigetragen?

Seine Ideen zu Stücken und Besetzungen. Sehr bald tauchte die Idee auf, „Porgy and Bess“ an der Volksoper zu produzieren. Das Werk war ja im Jahre 1952 als Gastspiel in der Volksoper gewesen, mit Leontyne Price und William Warfield. Und wir brachten es mit großem Erfolg im Jahre 1965 wieder heraus.

Eines Tages fiel uns ein Darsteller wegen Krankheit aus, und Prawy und ich standen zusammen vor der Volksoper und überlegten, wer die Rolle kurzfristig lernen könnte. Da gehen zwei Schwarze vorbei, wahrscheinlich Studenten der Bodenkultur, und ich sage zu Prawy, im Spaß natürlich: „Fragen Sie doch die beiden“. Er setzt sich wirklich in Bewegung, verfolgt die beiden, redet gestikulierend auf sie ein. Schließlich kehrt er zurück und sagt ganz niedergeschlagen: „Sie sagen, sie können nicht singen.“

Eine andere, sehr bewegende Geschichte aus der „Porgy“-Zeit: Zwei Tage vor der Vorstellung starb der Darsteller des Battle, der im ersten Akt ermordet wird. Im zweiten Akt von „Porgy“ wird dieser Mann betrauert – und aus dem Spiel wurde mit einem Mal eine echte Totenklage für diesen verstorbenen Kollegen.

Ein großer Erfolg wurde auch die „West Side Story“. Da fuhr Prawy zu seiner verehrten Freundin Maria Jeritza in die USA, um sich von ihr Sänger empfehlen zu lassen.

Für die Rolle der Maria empfahl sie ihm ein junges Mädchen aus dem Opernstudio der „Met“: Julia Migenes. Sie kam zu einem weiteren Vorsingen nach Wien. Dort stand die kleine Person in dem blöden Bühnenbild der „Heimlichen Ehe“ von Domenico Cimarosa und spielte die Szene, in der ihr mitgeteilt wird, daß ihr Bruder tot sei. Ich habe eine Gänsehaut bekommen, so gut war die Migenes – und das ist mir in jeder Vorstellung bei dieser Szene wieder passiert.

Hat Marcel Prawy nur Musicals betreut?

Nein, auch Opern. Etwa Ravels „L’Enfant et les Sortilèges“, „Spanische Stunde“, mit Mimi Coertse und Oskar Czerwenka – eine Produktion, die auch fürs Fernsehen aufgezeichnet wurde.

Prawy war ein glänzender Mitarbeiter, der einem sehr auf die Nerven gegangen ist, was zu seiner Taktik gehört hat. Er hat das Recht gehabt, jederzeit in mein Büro zu kommen, nur habe ich mir das Recht genommen, ihn auch, wenn er gerade sehr störte, wieder hinauszuschmeißen. So hat es sich eingebürgert, daß, wenn er zu mir hereinstürzte und ich gerade

etwas anderes zu tun hatte, ich nur mit der Hand abgewunken habe, und er ging. Dafür hat er mich „den großen Verscheucher“ genannt. Und ich habe Marcel Prawy zu etwas gebracht, wovon er heute noch zehrt: nämlich zu den Einführungsvorträgen. Wir haben viele ausgefallene Werke produziert: „Halka“, „Rusalka“, eben „L' Heure espagnole“, „Werther“ – übrigens stilgerecht besetzt, nämlich jung –, ebenso „Die Nachtigall“ von Strawinsky, und dazu wollte ich Einführungen veranstalten. Begonnen haben wir mit einem Herrn vom französischen Kulturinstitut. Der war recht gut, aber Prawy sagte: „Das kann ich auch.“
Wir begannen das Experiment im Palais Pálffy. Ich saß in der ersten Reihe, und jeder Vortrag war für mich eine nervliche Tortur: Entweder hat er die Lampe umgeworfen oder eine Schallplatte runterfallen lassen oder ein Kabel aus dem Plattenspieler gerissen. Außerdem hat er immer schreckliche Socken angehabt, was ich ihm sehr angekreidet habe. Aber er war einfach brillant. Und bald darauf, Mitte der sechziger Jahre, begann seine Fernsehkarriere.

Sie blieben bis zum Ende Ihrer Tätigkeit an der Volksoper beisammen?
Ich war an der Volksoper bis 1973, er ist schon 1972 an die Staatsoper zu Gamsjäger gegangen.

Gamsjäger hat Prawy nicht so geschätzt wie Sie.
Nein. Prawy wußte ihm zu viel. Und Gamsjäger kannte den Betrieb nicht, Opernarbeit war ihm völlig neu. Da mußte es zum Krach kommen.

Marcel Prawy bezeichnet Sie als seinen Lieblingsdirektor.
Das freut mich.

Der Opernführer

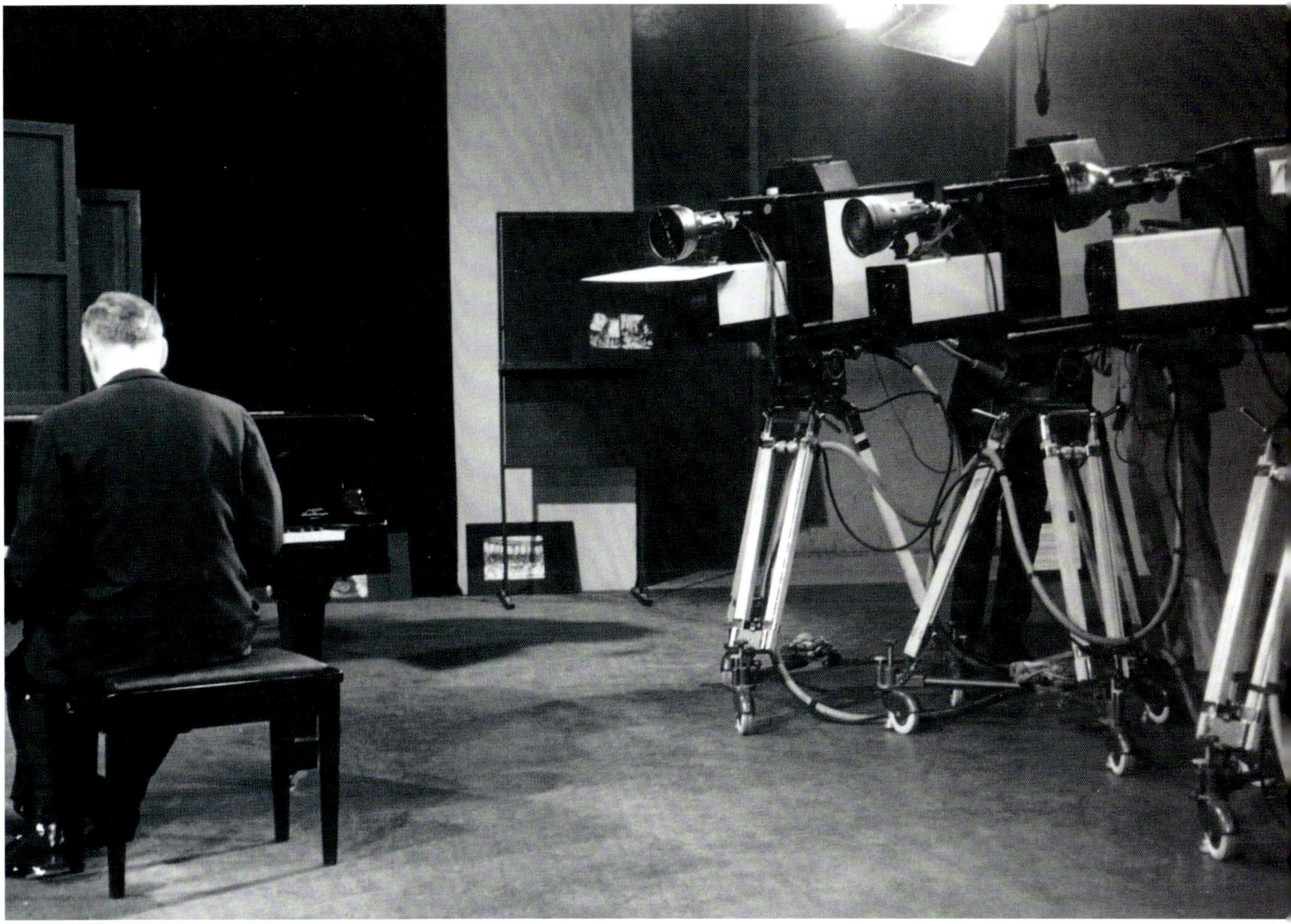

Vollkommene Konzentrationsfähigkeit als Kehrseite eines ausgeprägten Showtalents: das Erfolgsgeheimnis von Österreichs längstdienendem TV-Entertainer.

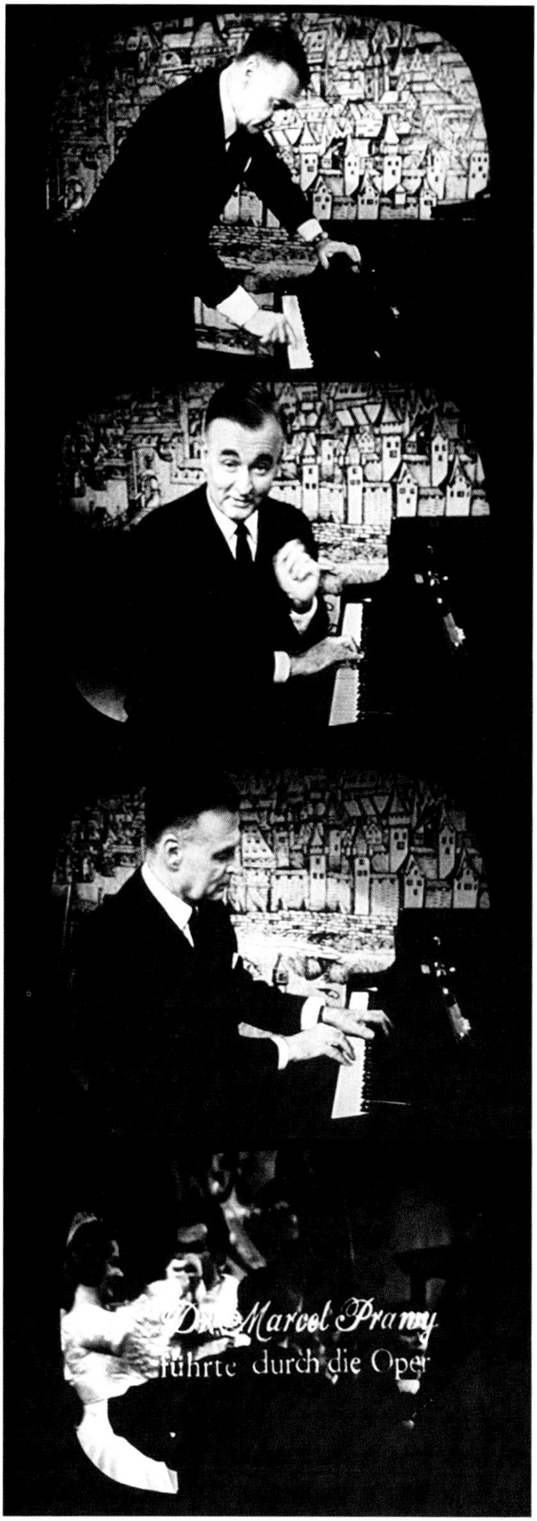
Marcel Prawy
führte durch die Oper

Im Studio, vor gemalten Dekorationen, begann 1965 der „Opernführer“.

Sein temperamentvoller Vortragsstil wurde rasch zum Markenzeichen – erkennbar in der Bildsequenz von Prawys TV-Einführung zu Richard Wagners „Die Meistersinger von Nürnberg“ (links).

Ab Ende der 70er Jahre zog es Prawy (und die Fernsehkamera mit ihm) an die Originalschauplätze: Venedig, Chambord, Neapel ...

... an den Mississippi, nach Peking oder Busseto, wo er an Papà Verdi vorbeiradelte.

„Eine filmische Ausstrahlung"
Egon Seefehlner (†) im Gespräch

Wann haben Sie Marcel Prawy näher kennengelernt?
Ich erinnere mich an ein gemeinsames Mittagessen mit Erika Köth und ihrem Mann, bei dem Marcel Prawy sehr auf den neuernannten Staatsopern-Direktor Gamsjäger geschimpft hat. Es ging um Bernsteins „Mass", Gamsjäger wollte die Produktion plötzlich nicht mehr haben. Infolge des Krachs wollte Gamsjäger Prawy kündigen, was gar nicht möglich war. In dieser Zeit haben Prawy und ich uns angefreundet.
Als ich 1976 die Oper übernahm, habe ich ihn sofort geholt, damit er seine Matineen auf der Opernbühne macht. Ich hatte etwas Ähnliches schon an der Berliner Oper mit einem tüchtigen Dramaturgen versucht, der aber nicht, sagen wir, die filmische Ausstrahlung hatte wie Prawy.

Was hat Sie für Prawy eingenommen?
Sein Detailwissen, seine Neugierde auf alles, was mit Oper zu tun hat (mir war ja Einstein immer genauso wichtig wie Mozart), und seine besondere Gabe, das den Leuten anekdotisch zu vermitteln. Prawy sagt freilich nie etwas Falsches, aber er ist kein Wissenschaftler.
Eine der ersten Matineen war zu „Ariadne". Prawy war in seinem Element: mit Karl Böhm über Richard Strauss zu sprechen.

War er damals schon so populär?
Unglaublich populär. Ich schildere Ihnen das anhand eines Beispiels: Wenn ich allein über die Kärntnerstraße gegangen bin, hat mich vielleicht jeder Zehnte gegrüßt – gut, ich war der Operndirektor. Wenn ich mit Prawy gegangen bin, hat uns jeder Zweite gegrüßt. Er ist halt „Mr. Opera".

Hat er nur sich popularisiert oder auch die gefürchtete E-Musik?
Was ist „gefürchtete" E-Musik?

„Die Frau ohne Schatten" zum Beispiel.
Ich glaube, wenn einem die „Frau ohne Schatten" nicht gefällt, dann kann auch Marcel Prawy nichts daran ändern. Er hat „Otello" popularisiert und „Turandot". Aber in einen „Wozzeck"

geht heute genauso niemand hinein wie vor fünfzig Jahren. Diese Opernmatineen werden von ein paar tausend Leuten besucht, die die Opern sowieso schon mögen. Popularisiert werden Werke durch ständige Pflege und gute Aufführungen. Das Geheimnis des Erfolges ist ja nur, daß man die Werke trotz schlechten Besuches und schlechter Kritiken immer wieder bringt und sich nicht unterkriegen läßt.

Hat Marcel Prawy die „Schwellenangst" vor der Oper nicht verringert?
Ich denke, ja. Ich leugne, daß es so etwas wie Schwellenangst noch gibt. Die Oper kann man ja schon um weniger Geld besuchen als ein Kino. Aber um einen „Fidelio" und eine „Zauberflöte" zu verstehen, muß man sich Jahrzehnte damit befassen, dazu reichen nicht zehn Aufführungen oder gar eine einzige Matinee.
Prawy hat den Sinn der Kunstform Oper, auch der Wiener Oper, in vielen Ländern dem Publikum zugänglich gemacht. Und, was ganz wichtig ist: Er konnte die großen Politiker aller Parteien mit seiner direkten Art für die Oper erwärmen.

Hat sich das auch in finanzieller Unterstützung ausgewirkt?
Das war nicht nötig. Für die Oper war immer Geld da. Man kann in Wien alles abschaffen, nur nicht die Oper. Wenn man die niederreißt, dann gibt's eine Revolution, auch von denen, die noch nie drinnen waren.

Besteht eine Freundschaft zwischen Ihnen und Marcel Prawy?
Auf jeden Fall. Als die Staatsoper vor kurzem wieder ein Japan-Gastspiel absolviert hat, gab es eine Fernseh-Pressekonferenz in Tokio, und alle Herren der Opernführung waren versammelt und haben sich sehr gelobt und alle Beteiligten.
Mein Name wurde überhaupt nicht genannt, obwohl ich die Staatsoper nicht nur das erste Mal nach Japan gebracht habe, sondern der Erfinder der Operngastspiele in Japan (damals noch mit der Berliner Oper) überhaupt war. Ich habe mich sehr geärgert und sagte mir: Kaum ist man pensioniert, ist man vergessen. Da erscheint plötzlich Marcel Prawy vor der Kamera, unterbricht die Gesellschaft mit den Worten: „Einen dürfen wir nicht vergessen: Egon Seefehlner." Das rechne ich ihm hoch an. Er war ja auch das erste Mal mit unserem Gastspiel drüben und hat jahrelang davon profitiert, weil er immer wieder zu Gastvorträgen eingeladen wurde.

Clemens Hellsberg

Marcel Prawy zum „Neunziger"

Die Geschichte der Wiener Philharmoniker wird nicht nur durch die künstlerischen Leistungen des Orchesters beziehungsweise durch die Zusammenarbeit mit seinen Dirigenten, mit großen Komponisten, Vokal- und Instrumentalsolisten charakterisiert: Geschichte bedeutet niemals bloße Addition von Ereignissen und Fakten, sondern beinhaltet eine unübersehbare Fülle an (zwischen-)menschlichen Aspekten. Und wie sich die Beziehungen zu den vielen bedeutenden Künstlern, welche das Orchester im Verlaufe der mittlerweile 160 Jahre seines Bestehens begleiteten, beeinflußten und prägten, in beinahe allen Fällen weit über den Begriff „Zusammenarbeit" hinaus zu tiefer persönlicher Freundschaft entwickelten, gab und gibt es immer wieder Persönlichkeiten, die zwar keine ausübenden Künstler sind, aber dennoch dank ihrer Begeisterung und überragenden Kenntnisse großen Einfluß auf das (heimische) Kulturleben ausüben und somit auch in die philharmonische Geschichte integriert sind. Einer dieser treuesten Freunde unseres Orchesters feierte am 29. Dezember 2001 seinen 90. Geburtstag: Dr. Marcel Prawy.

Seine Verdienste um das Genre „Oper" sind allgemein bekannt und zu Recht vielfach gewürdigt, er selbst ist längst eine Ikone der Musikszene, eine Kultfigur, die – im Gegensatz zu so manchem „Star" – mehr erreicht hat als bloße Bewunderung: Er wird von den Menschen geliebt. Dieser Mann, der sich mit jeder Faser seines Herzens und Seins in den Dienst der Musik stellt, fasziniert Musikliebhaber und ausübende Musiker in gleichem Maße, und wie er die Kunst verehrt, wird er seinerseits von den Künstlern verehrt. Dies gilt nicht nur für die internationale Opernwelt, sondern in besonderem Maße auch für die Wiener Philharmoniker, die ihm bereits im Jahre 1995 die „Nicolai-Medaille in Gold" zuerkannten und ihm nun auf Beschluß der Hauptversammlung vom 22. August 2001 ihren Ehrenring verliehen.

Die Verehrung seitens des Orchesters manifestiert sich auch in der Mitwirkung bei zwei Veranstaltungen anläßlich seines „Neunzigers". Am 17. November 2001 fand im „Haus der Musik" im Rahmen der Veranstaltungsreihe „Meisterstunden" ein Gespräch Dr. Prawys mit Heinz Sichrovsky statt, bei dem der „Opernführer" wie gewohnt mit phänomenalem Gedächtnis, Humor, Charme und Schlagfertigkeit brillierte. Als musikalische Hommage an den Jubilar

Im Goldenen Saal des Musikvereins, der Heimstatt der Wiener Philharmoniker

spielten damals Clemens Hellsberg, Peter Wächter, Heinz Koll, Ursula Plaichinger (Viola, Orchester der Wiener Staatsoper), Franz Bartolomey und Werner Resel das „Capriccio"-Sextett von Richard Strauss, während Wolfgang Schulz gemeinsam mit Milan Turković (Fagott) und Maria Prinz (Klavier) eine Komposition unseres langjährigen ersten Klarinettisten Alfred Prinz aufführte: „Moments musicaux", die überaus humorvollen „Reminiszenzen eines Opernbesuchers".

Mit den Geschenken der Philharmoniker zum 90er

Und am 21. Dezember 2001 veranstaltete der Verein der Opernfreunde eine Feier im ORF-Zentrum, die am 30. Dezember 2001 vom Österreichischen Fernsehen ausgestrahlt wurde und an der unter anderen Christa Ludwig, Ehrenmitglied der Wiener Philharmoniker, sowie Angelika Kirchschlager und Thomas Hampson, zwei Lieblingspartner unseres Orchesters, teilnahmen. Die Wiener Philharmoniker waren bei dieser bewegenden Hommage an Marcel Prawy mit einer zwanzigköpfigen Delegation vertreten. Die Überreichung des Ehrenringes wurde mit der Uraufführung einer eigens für diesen Anlaß geschriebenen Komposition verbunden – unser Primgeiger Erich Schagerl, der schon anläßlich der 100-Jahr-Feier der Firma Suntory Ltd. „Happy Birthday“ für großes Orchester bearbeitet hatte, arrangierte die Melodie nun für Kammerorchester und kombinierte sie mit Zitaten aus dem „Kaiserwalzer“, aus dem „Rosenkavalier“ sowie aus diversen anderen Werken.

Es ist unmöglich, die Wirkung des Phänomens Prawy zu beschreiben. Belassen wir es daher hier beim Hinweis auf die einem Ring innewohnende Symbolik, mittels derer Liebe, Verbundenheit und Unendlichkeit ausgedrückt werden – Eigenschaften also, welche die Begeisterungsfähigkeit, die jugendliche Leidenschaft des Jubilars für die Musik charakterisieren. Und welche Bedeutung Marcel Prawy aufgrund seiner grenzenlosen Zuneigung für die Wiener Philharmoniker hat, kann nicht besser ausgedrückt werden als mit jenen Sätzen, mit denen er die „offizielle" Frage, ob er den Ehrenring der Wiener Philharmoniker annehmen wolle, beantwortete:
„Worte fehlen mir, um Ihnen und dem Plenum meinen Dank und meine unendliche Freude auszudrücken. Sie wissen ja, wie die fanatische Liebe zu Ihrer (‚unserer'?) phänomenalen Institution mein Leben durchzogen hat: aufgewachsen noch in der Ära Felix von Weingartner (weiße Glacéhandschuhe!) – den ich so oft fachsimpelnd in seine Wohnung in der Kantgasse 3 begleitet habe –, dann die tollen Furtwängler-Jahren, und später die Zeit, in der Vorstand Hugo Burghauser – den ich aus dem Kreis um Maria Jeritza gut kannte – den ständigen Dirigenten abschaffte, was zuerst ‚Enttäuschung' der Wiener, dann helle Begeisterung hervorrief wegen Toscanini etc., etc. […] Ich danke Gott, daß all dies – wenn auch nur am Rande – ein Teil meines Lebens sein durfte. Mit nochmaligem unendlichen Dank an Sie und alle Ihre Kollegen, die ich im Geiste ‚meine Freunde' nennen möchte! In alter Treue verbleibe ich Ihr Marcel Prawy".

Der Herr am Ring

Seit 1976 sorgt Marcel Prawy bei seinen Matineen für volle Häuser - für den Fotografen begab er sich in den leeren Zuschauerraum ...

... und auf seinen ehemaligen Stamm-Stehplatz (links).

In über hundert Matineen präsentierte er die Stars und die Meisterwerke mit gleicher Liebe.

Totaleinsatz für die Staatsoper: ob auf dem ersten Japan-Gastspiel 1980 (oben), mit vielsagender Kopfbedeckung oder auf dem Logen-Stammplatz (wir haben nicht geschlafen, sondern andächtig einer Mahler-Interpretation von Zubin Mehta gelauscht!)

Der Präsident
der
Bundesrepublik Deutschland

Bonn, den 6. September 1991

Herrn
Professor Dr. Marcel Frydmann Ritter von Prawy
Staatsoper Wien
Opernring 2

A-1015 Wien

Verehrter Herr Professor,

in Shakespeares heiterem "Wintermärchen" erklingt in die völlige Stille hinein sanfte Musik, und - während sie ertönt - muß alles reglos sein, damit die bildschöne Statue Hermiones zum Leben erweckt werden kann.

In eine vergleichbare Situation haben Sie am letzten Sonntag uns, Ihre Zuhörer, mit Ihrem Meyerbeer-Vortrag gebannt. Thematisch ging es um Musik und um einen der Großen in ihrem Reich. Was im "Wintermärchen" die Töne, waren in diesem Fall Ihr von Ihren Worten und Ihrer Sprache geprägtes Wesen. Ihr Publikum war auf das Angeregteste still und wachen Sinns: nur Ohr und Auge, Kopf und Herz.

Meine Frau und ich, sehr verehrter Herr von Prawy, möchten Ihnen vielmals und aus vollem Herzen für die große Mühe danken, die Sie unseretwegen auf sich genom-

...

men, und für die so heiter-lehrreiche Lektion, die Sie uns haben zuteil werden lassen. Inmitten vieler schöner Veranstaltungen war die Ihre wohl von Art und Form die anmutigste, die das Schloß Bellevue in seiner Geschichte je gesehen hat. Zugleich war sie von höchstem Niveau, ein vollendetes Kunstwerk der scheinbar spielerischen und doch in Wirklichkeit schwierigsten Art. Wer das so meisterhaft vermag, wie Sie, dem gebührt größte Bewunderung.

Wir haben bei Ihnen, dem Wiener, zu Giacomo Meyerbeer, dem Berliner, viel von dem erfahren, was schon aus Gesichtspunkten eigener Geschichte und Tradition zu wissen wichtig, ja eigentlich unentbehrlich ist. Ich bin sicher, daß Ihr hinreißender Einsatz dazu beigetragen hat, Person und Werk von Meyerbeer vom Schleier, mit dem die Jahrzehnte beides umhüllt haben, zu befreien.

Tief und aufrichtig danken wir Ihnen für das alles. Es wäre schön, Ihnen auch in Zukunft zu begegnen.

Mit den allerbesten Wünschen und

mit herzlichen Grüßen

Ihr Richard Weizsäcker

Für Marcel Prawy

Was kann man einem Manne wie Marcel Prawy zu seinem 90. Geburtstag sagen? Wie ihn würdigen, ihn ehren und beschreiben?

Auf den ersten Blick scheint es ganz einfach zu sein, über ihn zu sprechen, irgendeine jener wundervollen und für ihn typischen Geschichten zu erzählen, auf daß die Mitwelt ehrfürchtig und erheitert staune. Aber bevor man beginnt, fallen einem automatisch zahlreiche andere, nicht weniger bezeichnende Geschichten ein, und man stockt, zaudert, die eine ohne die anderen zu erzählen. Und man merkt alsbald, daß der Mann unter keinen Umständen auf nur einen Nenner zu bringen ist, daß er gemütvollen Vereinnahmungen zäh widersteht, daß da etwas Sperriges ist, was sich nicht im Anekdotischen auflösen läßt.

Zunächst einmal scheint es ganz unglaublich, daß er in der Tat neun Lebensjahrzehnte vollendet, denn diese schnöde Zeitlichkeit will so gar nicht passen für ihn, der den Eindruck erweckt, gleichsam alterslos zu sein, indem er stets präsent ist, von einer geradezu unglaublichen Gegenwärtigkeit, die noch niemals nur etwa bloß dem Aktuellen verhaftet ist. Dennoch ist er kein Geist, der abgehoben und fremd über den Wassern schwebt, sondern einer, der nach wie vor mit Leidenschaft und ungebrochener Energie Stellung nimmt zu dem, was in den Opernhäusern geschieht, einer, der rastlos Anteil nimmt, der keine Scheu hat, sich womöglich zu irren. Dies macht ihn groß.
Und groß macht ihn auch, daß er die Oper liebt, und zwar in einer Art und Weise, wie kaum ein anderer neben ihm. Er flirtet nicht, er liebt ganz bedingungslos, keusch und begehrlich in einem, mit Herzblut und ohne jede Absicherung. Dadurch muß er zuweilen bitter leiden und kann ungemein zornig werden. Aber immer gibt er sich ganz: zärtlich und unbarmherzig, wortgewaltig und verhalten, werbend und triumphierend.

Marcel Prawy ist längst zu einer Institution geworden, voll wissender Eloquenz, die doch nie ins Leere redet, sondern immer einen Adressaten sucht und findet. Er ist einer der ganz seltenen und vollkommen unvergleichlichen Vermittler von Kultur, sein Kommen füllt größte Säle, man hängt an seinen Lippen, man lauscht begierig seinen Worten.
Er ist, das Wort sei verziehen, ein „Mystagog“ der Oper, eine selbst fast schon mystische Figur

[ähnlich einem Priester, der die Einzuweihenden in die Mysterien der Oper einführt], die aus unserer Kulturlandschaft nicht wegzudenken ist.
Ob ihm solche Elogen behagen können, wage ich zu bezweifeln, doch mit 90 Jahren muß er sich das einfach gefallen lassen. Daß sein Wissen enzyklopädisch ist, bedarf keiner besonderen Erwähnung, er hat alles erfahren, was möglich ist, er hat alle gekannt, die im 20. Jahrhundert einigermaßen relevant gewesen sind für das musikalische Theater. Seit wann er Bayreuth besucht und mit Wagner vertraut ist, weiß wahrscheinlich niemand ganz genau anzugeben, ich halte es auch für nicht so wichtig. Marcel Prawy, so denke ich, war eigentlich schon immer dabei und weiß Bescheid.

Seine Ironie, geboren aus tiefster Ernsthaftigkeit, und sein unermeßlicher Humor machen ihn zu einem unverzichtbaren Begleiter in Zeiten wie diesen, die alles andere als kunstförderlich und geistesfroh sind. Gegen alle Widrigkeiten, die uns anderen das Leben oftmals sauer machen, setzt er die Heiterkeit und Gelassenheit des Kunstschönen – das allerdings verteidigt er mit Zähnen und Klauen als ein unveräußerliches Refugium von Humanität. Natürlich tut er das mit vielschichtigem Witz, nie etwa plump agierend. Das macht ihn zum Menschenfänger, zweifellos zum kultiviertesten und charmantesten, den es weit und breit gibt. Er ist aus unserem Dasein nicht wegzudenken, eine Welt ohne ihn wäre erheblich ärmer.

Darum wünsche ich ihm noch viele, viele Jahre rüstiger Gesundheit, und ich wünsche ihm den Fortbestand jenes hellwachen Gespürs für Gutes wie Schlechtes, das er in vielen Jahrzehnten ausgebildet hat. Möge seine Stimme weiterhin verteidigen oder kritische Anmerkungen machen, die ja durchaus ohne Gnade sein können, aber möge sie nicht vor der Zeit verstummen. Wir brauchen sie, wie wir den ganzen Menschen Marcel Prawy benötigen.
Lieber Marcel Prawy, ich hoffe, Sie sind gewillt, ungeachtet Ihres respektablen Alters auch künftig sich einzumischen und Ihr Urteil abzugeben, auf das Generationen Jüngerer hören. Lassen Sie mich Ihnen in herzlicher Verbundenheit zurufen: Ad multos annos! Ich hoffe, Ihnen noch häufig in diesem Sinne die Hand drücken zu dürfen.

Ihr Wolfgang Wagner

Ein Leben ohne Oper?

Die schöne Senta Wengraf (links) ist Prawys Gefährtin seit den 50er Jahren – soweit das Sammeln von Musikalien, das Befüllen und Beschriften von Sackerln und die Anbetung der Idole (ganz unten Richard Wagner) überhaupt Zeit dazu lassen.

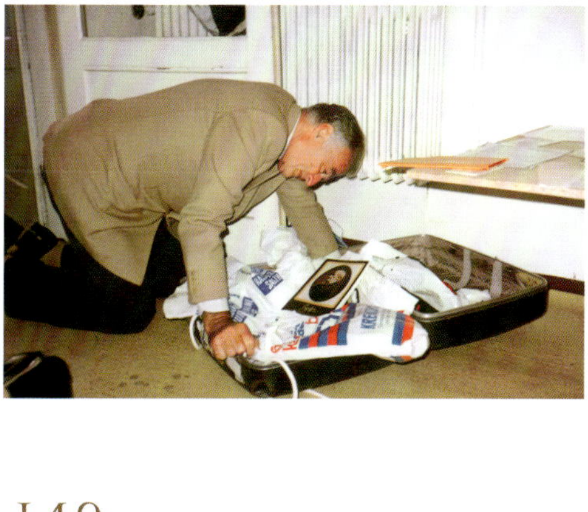

Linke Seite: Ehrenbürger auch in der zweiten Heimat Miami

Der Mann mit den hundert Kopfbedeckungen ...

... und den tausend Stofftieren.
Hin und wieder darf es auch ein
echter Esel sein.

Wohngefühl?

Seit Mitte der 90er Jahre dient die Wohnung im Cottage nur mehr als Depot für Sackerln, ...

... Orden, Stofftiere, Bücher, Platten, Bilder - und eine elegische Prawy-Büste.

PLASTIKTÜTEN-
BEHÄLTER

MARCELLO

Biographie im Überblick

1911 Marcel Prawy kommt am 29. Dezember in Wien als Marcell Horace Frydmann Ritter von Prawy zur Welt. Sein Vater, Dr. Richard Frydmann Ritter von Prawy (1882-1942), wird später Ministerialrat im Verwaltungsgerichtshof. Seine Mutter, Marie Prawy (1889-1925), ist eine geborene Mankiewicz. Beide Eltern waren große Opernfans.

1918 Geburt seiner Schwester Edith

1920 Nach der Scheidung der Eltern übersiedelt Marcel zu seiner Großmutter (väterlicherseits) Bertha, geborene Wormser.

1921 Marcels Vater verehelicht sich wieder, mit Marie Prokesch.
Marcel besucht zunächst das Piaristen-Gymnasium, aus dem er 1922 entfernt wurde. Er wechselt an das liberalere Gymnasium Wasagasse.

1925 Freitod der Mutter

1926 „Das Jahr, das mir die Oper über den Kopf gehaut hat". Ab Herbst fast tägliche Stehplatzbesuche, die er als seine „Grundschulung" bezeichnet, in der Wiener Staatsoper, im Theater an der Wien und in der Volksoper. Ebenso besucht er Konzerte und Sprechtheater.

1927 Tod der Großmutter Bertha

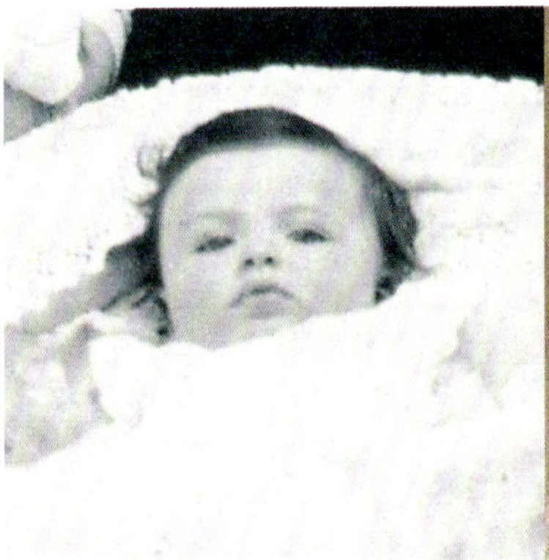

1929 Matura mit Auszeichnung am Gymnasium Wasagasse
Studium der Rechtswissenschaften an der Universität Wien. Zusätzlich hört er Musik-Vorlesungen bei Egon Wellesz.

1931 Tod der Stiefmutter

1934 Promotion zum Doktor der Rechtswissenschaften
Zunächst Gerichtspraxis, anschließend Konzipient in einer Anwaltskanzlei. Nebenberuflich Assistent der Filmregisseure Augusto Genina und Carmine Gallone

1936-43 Prawy übernimmt die umfangreiche Aufgabe als Privatsekretär des Künstlerehepaares Jan Kiepura und Marta Eggerth, die er auf ihren weltweiten Gastspielreisen (Paris, London, Rom, Mailand, Budapest, New York, Los Angeles, Mexico City usw.) begleitet.

1939 Gemeinsam mit Kiepura Emigration in die USA. Begegnung und Freundschaft mit anderen, ebenfalls emigrierten Künstlern, besonders mit der seit Jahren von ihm verehrten Maria Jeritza.

1940 Es gelingt ihm, den Vater in die USA nachzuholen. Die Schwester überlebt den Krieg als „U-Boot" in Wien.

1942 Tod des Vaters in New York

1943-46 Unteroffizier der US-Army. Vorwiegend wird er im Unterrichtsbereich eingesetzt, sowohl in den Vereinigten Staaten als auch in England, Paris, Bad Schwalbach und an der American University in Biarritz.

1946-50 Als „Military Civilian“ der US-Besatzung in Wien. Tätigkeiten: Deutsch-Unterricht und Produktion der Wochenschau „Welt im Film“ und Filmzensur

1950-52 Schallplattenproduktion in Wien im Auftrag amerikanischer Firmen. Produzent und Präsentator von Hörfunkprogrammen

1952-55 Produktion und Conférence von Shows mit Ausschnitten amerikanischer Musicals, zunächst im „Kosmos-Theater“ in der Siebensterngasse, in Wien-Neubau, ab 1954 im Josefssaal (dem späteren „Vienna English Theater“) in der Josefsgasse, in Wien-Josefstadt. Mit dem „Kosmos“-Ensemble nimmt Prawy im Hessischen Rundfunk 1954 die erste TV-Show auf.

1955-72 Als Chefdramaturg an der Volksoper Mitglied der Direktion

1956 „Kiss me, Kate“ an der Wiener Volksoper ist die erste Musical-Produktion auf dem europäischen Kontinent.

1962/63 Seine Tätigkeit an der Volksoper unterbrechend wird Prawy Dramaturg am Theater des Westens in Berlin.

ab 1965 Produzent und Präsentator der ORF-Fernsehsendung „Opernführer“, wegen des großen Erfolges wird die Sendung zur Serie, in manchen Jahren werden bis zu sieben Folgen produziert. Weitere Sendungen: Künstlerporträts, Gedenksendungen und musikalische Stadtporträts

1966-77 und 1982-86 Lehrbeauftragter an der Universität Wien, Institut für Theaterwissenschaften

1968 Auszeichnung mit der Goldenen Kamera

ab 1972 Direktion der Staatsoper mit wechselnden Titeln: Chefdramaturg der Staatsoper (zeitweilig auch der Volksoper), Leiter des Bildungsprogrammes, Konsulent

1972 Verleihung des Ehrenzeichens für Verdienste um das Land Wien

1973-76 „Visiting Professor“ (zwei Monate pro Jahr) an der Yale University (New Haven, Connecticut), USA

ab 1976 Einführungsmatineen in der Staatsoper, die zum Teil vom ORF live übertragen oder aufgezeichnet werden

1976-82 Ordentlicher Professor an der Hochschule für Musik und Darstellende Kunst (Institut für kulturelles Management, Reinhardt-Seminar usw.)

1977 Ehrenkreuz Erster Klasse der Bundesrepublik Deutschland

ab 1978 Gestaltung und Präsentation eines neuen Typs von Fernsehsendung, bei der Marcel Prawy die Entstehungsgeschichte von Opern oder die Lebensgeschichten von Komponisten an Originalschauplätzen präsentiert: „Auf den Spuren von ...“

1981 Ehrenmitglied der Wiener Staatsoper

1983 Ehrenbürger von Miami

1984 Großer Preis für Volksbildung der Stadt Wien

1986 Ehrenring der Stadt Wien
Premio Operetta der Stadt Triest
Ehrenkreuz für Wissenschaft und Kunst Erster Klasse
Clemens Krauss-Medaille

1987 Goldenes Doktorat der Universität Wien

1988 Verdienstorden der Volksrepublik Polen in Gold

1989 Großes Verdienstkreuz des Verdienstordens der Bundesrepublik Deutschland

1992 Bürger der Stadt Wien

1993 Ehrenmitglied der Wiener Volksoper
Großes Silbernes Ehrenzeichen für Verdienste um die Republik Österreich

1994 Commendatore dell'ordine al merito della Repubblica Italiana

1995 Nicolai-Madaille in Gold der Wiener Philharmoniker

1996 Großes Goldenes Ehrenzeichen des Landes Steiermark
Ehrenpräsident der Festspiele in Todi (Umbrien)
Großes Goldenes Ehrenzeichen für Verdienste um die Republik Österreich

1997 Ehrendoktorat der Philosophischen Fakultät der Universität Wien

2001 Ehrenring der Wiener Philharmoniker

Impressum

Gesamtleitung: Wilfried Seipel
Kuratoren der Ausstellung: Christoph Wagner-Trenkwitz, Thomas Trabitsch
Ausstellungsorganisation: Thomas Trabitsch, Christian Hölzl
Öffentlichkeitsarbeit und Presse: Annita Mader, Ruth Strondl, Karin Neuwirth
Ausstellungsgestaltung: Atelier Sturminger, Wien
Ausstellungsgraphik: Angela Hartenstein
Restauratorische Betreuung: Kurt List

Die Deutsche Bibliothek –
CIP-Einheitsaufnahme
Ein Titelsatz für diese Publikation ist bei Der Deutschen Bibliothek erhältlich.

1. Auflage 2002

Graphische Gestaltung: Malwina Sohr
Titelfotos: Axel Zeininger
Frontispiz: Bildarchiv Christian Brandstätter Verlag
Lektorat: Sabine Kehl-Baierle
Technische Betreuung: Franz Hanns
Reproduktion der Abbildungen: Pixelstorm Kostal & Schindler OEG, Wien
Druck und Bindung: Obersteirische Druckerei und Verlagsgesellschaft m.b.H., Leoben

ISBN 3-85498-174-0
ISBN 3-85498-185-6 (Ausstellungskatalog)

Bildquellennachweis:
Archiv Marcel Prawy, Wien: 10, 28 (3), 29, 30 (2), 31 (3), 32 (2), 33 o., 36, 56, 63, 64 o. li., 64 o. re., 64 u. re., 65 o. re., 65 u., 66 o. li., 66 u. li., 66 u. re., 67 (2), 71, 73 (2), 74, 75 (2), 76 (3), 77 u. li., 77 o., 78, 81, 82, 85 (2), 86 o. li., 86 M. re., 87 (2), 88 (3), 89 (4), 108 (3), 109 li., 109 o. re., 111 o., 111 u., 112 o., 112 u. li., 113 o. li. + 158 li., 114/115, 129, 130, 131 (3), 132 (4), 133 (3), 137, 141 o., 142 o., 143, 144/145, 148, 149 o., 149 u. re., 150 o. re., 150 M. li., 150 u. li., 151 o., 155 li., 155 M., 156 (3), 157 (3), 158 re., 159 li.; Bildarchiv Christian Brandstätter Verlag, Wien: 110 o.; Foto Georgette Chadourne, Paris: 66 o. re.; Foto Fayer, Wien: 35 (2), 154 o. re.; Foto Erhard Grandegger, Wien: 77 u. re.; Elisabeth Hausmann, Wien: 2, 113 o. re., 118, 141 li.; Foto Hofer, Bad Ischl: 151 u.; Foto Holm: 151 u.; Michael Horowitz, Wien: 140, 150 o. li.; Maria Kanzi, Innsbruck: 126; Foto Kosel, Wien: 64 u. li.; Foto Fred Langenhagen, Wien: 149 li., 150 M. re.; Privatarchiv Peter Marboe, Wien: 96; Privatarchiv Gertrud Marboe, Wien: 97 (2); Viktor Mory, Wien: 122, 125, 141 u. re., 149 M. re.; ORF, Milenko Badzic: 58, 60 (2); ORF: 121; Österreichischer Bundestheaterverband, Wien: 90, 113 u. li., 113 u. re., 141 M. re. (Fotos: Reinhard Werner), 142 u. (Foto: Axel Zeininger); Foto Palffy, Wien: 110 u. li., 112 u. re.; Barbara Pflaum, Wien: 68; Peter Rindl: 109 u. re.; Lothar Sandmann, Wien: 16; Marco Schlager: 44; Karl F. Schuster, Wien: 65 o. li.; Foto-Atelier Strau & Co.: 33 u., 155 u. re.; Foto Terry, Wien: 138, 159 re.; Foto Franz Votava, Wien: 26, 86 u. li., 86 u. re.; Harry Weber, Wien: 11, 13, 15, 19, 20, 21, 23, 25, 27, 34, 37, 39, 41, 43, 45, 47, 49, 51, 53, 55, 57, 59, 61, 98, 99, 100, 101, 102, 103, 104, 105, 106, 107, 152 (3), 153 (4), 154 (5); Foto E. Wiesinger, Wien: 110 u. re.
Unser spezieller Dank gilt Harry Weber, der sich spontan bereit erklärt hat, die Wohnung Marcel Prawys zu fotografieren.
Bei einigen Fotos ist es nicht gelungen, die Rechteinhaber zu ermitteln. Diese werden gebeten, mit dem Verlag Christian Brandstätter in Verbindung zu treten.

Christian Brandstätter Verlagsgesellschaft m.b.H.
A-1015 Wien, Schwarzenbergstraße 5
Telefon (+43-1) 512 15 43-0
Telefax (+43-1) 512 15 43-231
cbv@oebv.co.at
www.brandstaetter-verlag.at